현존하는 최고의 풍수 서적

개정증보판

青門烏經

해설 **청오경**

오세종 역주

삼필문화사

해설 청오경(靑烏經)

ⓒ 오세종 2007

2007년 2월 12일 초판발행
2011년 5월 15일 2쇄 발행
2016년 2월 15일 3쇄 발행
2023년 9월 25일 개정증보 발행

펴낸이   박순복
펴낸곳   삼필문화사
편 집   이동원
디자인   박은영
인 쇄   대양기획

등 록   1991년 11월 1일 가 제17-76호
주 소   서울시 강동구 구천면로47길 78(암사동) 빛의교회
전 화   02. 441-2087 / 010. 4276-3207
팩 스   02. 429-8864

가 격   11,000원

해설 **청오경**(青烏經)

오세종 역주

삼필문하사

오래된 책을 다시 펴내며

《청오경(靑烏經)》은 현존하는 풍수서적 중에서 최고(最古)의 책으로 알려져 있다. 1985년 필자가 규장각 고서 도서실을 드나들며 옛 자료를 탐색하던 중, 조선조 음양과의 시험교재로 사용하였던 《청오경》을 발견하고는 서둘러 역해(譯解)하여 책으로 펴낸 바가 있다.

세월이 제법 흐른 지금에 이르러 다시 살펴보니, 처음 펴낸 《해설 청오경》에서 간혹 오자(誤字)를 발견하였고 미비한 점이 한 두 가지가 아니었다. 이에 그 오류를 정정하고 약간의 자료도 첨부하여 개정증보판을 내게 되었다.

한편 필자의 감여학(堪輿學) 공부에 참여한 한규준 고태영 김창일 신광철 김종회 이환진 이승록 조영진 목사 등, 산(山)친구들과 특히 필자의 한문서당 출신인 신동수 장이규 이선아 장하림 오홍석 목사 등이 이스라엘을 순례하면서 실측한 예루살렘과 주요 성지(聖地)의 성당이나 교회의 좌향을 측정한 일에 대해 감사를 표한다. 그 실측 내용을 이 책의 말미에 실었다.

이 책의 출판을 후원한 약산(若山) 오홍석, 무불며(윤성희), 김희영 이진화 방수정 김방철 임보빈 남재희 박천근 김종숙 조장숙 김옥희 김정숙 김영숙 김옥주 김해숙 박경숙 김영주 박은임 박순복의 십시일반의 봉사에 감사한다. 아울러 이번 수정증보판의 편집에 책임을 맡아 수고한 기독교고전번역원의 이동원 박사의 노고에 감사한다.

이 책이 우리 문화의 발전과 자연과 환경을 잘 보전하는데 다소라도 도움이 되기를 기대한다.

2023년 9월 25일
오세종 謹識

서 언

풍수지리설은 동양의 고전지리학이다. 원래의 기원은 거친 비바람을 피하고 마실 물이 있고 양지 바른 언덕에 터를 잡고 살기 위해 터를 잡는데서 그 이론이 자연발생적으로 시작되었지만, 한대(漢代) 이후의 역술(易術)에 편승되면서 인간의 삶을 위한 양택(陽宅)풍수에 치중하기보다는 산소 자리를 보는 음택(陰宅) 풍수에 더 치중하게 되었다. 따라서 풍수지리설은 운명론적 주술적 기복적 지리관으로 변질되었다. 조선시대는 조상의 뼈대를 중시하는 유교적 양반 상놈을 차별하는 신분차별주의 사회였다. 이러한 사회에서 억울했던 밑바닥 민중들은 조상의 뼈골[魄]로 출세를 하는 세상이 아닌 땅, 즉 지모(地母)를 통한 변혁으로 새 세상의 도래를 꿈꾸었다. 그런 연유로 사대부가에서 시작된 복잡한 이론 풍수는 민간에도 신앙처럼 유행했었다.

필자의 감여학(堪輿學) 공부는 소싯적부터 옛날식 한문 공부를 하면서 자연스럽게 접하게 된 데서 비롯하였다.

풍수는 크게 두 분야로 나눈다. 하나는 무덤 자리를 잡는 음택(陰宅)풍수요, 다른 하나는 살아 있는 이들의 삶의 공간을 위한 양기(陽基) 풍수로 구분된다. 음택 풍수는 그 설이 제 파마다 제 각각인데다, 역술적 이론으로 그 발복(發福)을 예단하기 때문에 그 이론을 신봉하지 않는 이들에게는 미신적 요소로 평가되지만, 다른 한편 양기풍수에 관하여는 오늘날 파괴되어 가는 환경문제와 연관하여 연구하려는 노력이 없지 않다.

인생이 한 평생 아무렇게나 허랑방탕하게 지내고, 산소 자리 하나 잘 써서 집안이 잘되고 산소 자리 하나 잘 못 썼다고 해서 멸문하는 그런 그릇된 천리가 어디 있는가? 그래서 다산 정약용은 풍수지리설에 대해 비판하기를, "청오경을 지은 곽박(郭璞)은 죄 없이 참형을 당한 뒤 그 시신은 물속에 던져졌으며, 조선 풍수의 비조(鼻祖) 도선(道詵)과 무학 등은 모두 중이 되어 자신의 종사(宗祀)가 끊겼으며, 이의신(李義信)과 담종(湛宗)은 일점의 혈육도 없이 멸문되었다"며 풍수지리설은 "개인적 부와 권력을 탐하기 위한 잡술이며 참으로 어리석고 우매한 허구의 설" "망국의 표본이라"고 혹평했다. 초정(楚亭) 박제가(朴齊家)도 그의 저서 북학의(北學議)에서 풍수설의 허망함을 역설했다. 오늘날 음택풍수를 신앙처럼 맹신하는 풍수학인들은 귀담아 들을 말이다.

이번에 펴내는 《原本 靑烏經(원본 청오경) 全》(古 제28114호 1책, 古 1493-07)은 필자가 1985년 규장각 고서 도서실에 드나들며 수집한 자료 중의 하나다. 《청오경》은 현존하는 풍수 서적 중 최고(最古)의 책으로 알려져 있으며, 조선조 음양과의 시험 교재 중의 하나였다. 오늘날 시중에 떠도는 수많은 지가서들을 통한 오해를 풀고 풍수의 진면목을 밝히기 위해 이 책을 역주하여 펴내게 된 것이다. 이 책 편집에 수고

한 인덕대학에 출강하는 믿음교회 김두영 목사와 그 부인 박은영 사모의 노고에 감사한다.

또한, 이 책 말미에 필자가 이미 써서 발표했던 '관산(觀山)의 몇 가지 안목'과 '한국 기독교 주요 건물의 풍수지리설과의 연관 문제에 대한 한 고찰'이라는 논문 두 편과 '한문 원문'을 실었다. 이 책이 자연과 환경을 잘 보전하는데 다소라도 도움이 되기를 기대한다.

2011년 신록(新綠)
동구릉 남록 승부헌(乘桴軒)에서
오세종 謹識

목 차

□ 오래된 책을 다시 펴내며 / 4

□ 서언 / 5

□ 풍수지리설의 용어 / 13

□ 청오경 해설 / 15
- 반고(盤古) 전설 / 18
- 태역(太易) 태초(太初) 태시(太始) 태소(太素) / 21

□ 사신사(四神砂) / 27
- 능선 내맥(龍)의 관찰 / 32
- 산수(山囚) / 33
- 물 보는 법 / 33
- 기승풍산(氣乘風散) 계수즉지(界水則止) / 37
  - 서울의 지맥 / 37
  - 안동 하회마을의 지맥 / 39
- 유교철학에서의 인간구조론 / 42
- 무덤 속에서 일어나는 현상들 / 49
- 홍·유릉의 풍수 / 50
- 정백(精魄, sperma)과 땅[地母]의 혈(穴) / 53
- 동기감응론(同氣感應論) / 56

- 묘를 쓸 수 없는 흉지(凶地) / 62
  - 불가장지(不可葬地) 10곳 / 62
  - 청오경의 오불상(五不祥) 흉지 / 63
  - 불법 매장 / 63
  - 풍수지리설의 윤리적 교훈 / 64

□ 패철 사용법 / 75

□ 지하수맥 탐측법 / 90
- 성경의 족장들과 모세의 수맥 탐측 / 95
- 술을 땅에 붓는 일에 대한 고전적 근거 / 105
- 산을 오행(五行)으로 보는 법 / 108

□ 관산(觀山)의 몇 가지 안목 / 116

□ 한국 기독교 주요 건물의 풍수지리설과의 연관성 문제에 대한 고찰 / 128

□ 오리엔테이션(Orientation) / 154
 - 이스라엘의 성당·회당들의 좌향

□ 원문 청오경

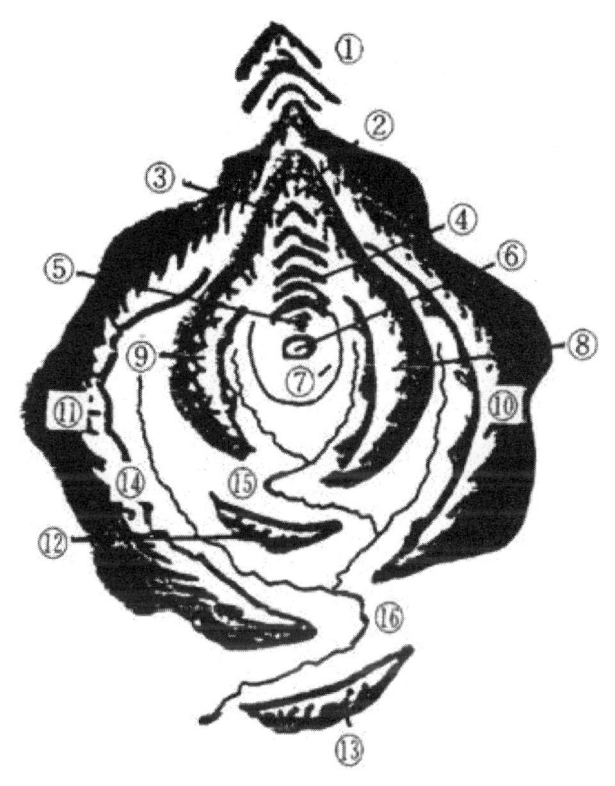

① 조산(祖山)   ② 주산(主山)   ③ 입수(入首)
④ 두뇌(頭腦)   ⑤ 미사(眉砂)   ⑥ 혈(穴)
⑦ 명당(明堂)   ⑧ 청룡(靑龍)   ⑨ 백호(白虎)
⑩ 외청룡(外靑龍) ⑪ 외백호(外白虎) ⑫ 안산(案山)
⑬ 조산(朝山)   ⑭ 수(水)   ⑮ 내수구(內水口)
⑯ 외수구(外水口)

풍수지리설의 용어

○ 음택(陰宅) : 묘지. 음택풍수 : 묘지 풍수
○ 양택(陽宅) : 주택. 양택풍수 : 주거지, 성읍 등의 자리를 보는 풍수.
○ 용(龍) : 산의 능선. 풍수에서는 평지보다 한 치만 높아도 산으로 보는 경우가 있다.
○ 맥(脈) : 능선이 흐르는 줄기. 형태로 말할 때는 용이라고 하고, 흐르는 기로 말할 때는 맥이라고 한다.
○ 혈(穴) : 시신을 묻는 바로 그 자리. 여성의 음부에 비정한다.
○ 사(砂) : 혈을 둘러 싼 주변의 산이나 물, 바위, 건물, 바다, 하천, 도로 등을 총칭하는 말.
○ 조산(祖山) : 혈 뒤편에 멀리 있는 근본 되는 산. 태조산, 중(仲)조산, 소(少)조산, 근(近)조산 등으로 부른다.
○ 주산(主山) : 후산(後山), 진산(鎭山).
○ 입수(入首) : 내룡이 혈판으로 흘러 들어가려는 부분.
○ 명당 : 혈 바로 앞의 평평한 부분.
○ 득수(得水) : 물 들어오는 것이 처음으로 보이는 곳.
○ 파구(破口) : 수구(水口). 물이 빠져 나가는 지점.
○ 지(之)현(玄) : 지그재그로 구불구불 진행하는 능선을 표현하는 말. 동대문을 '흥인지문(興仁之門)'이라 한 표기를 참조할 것.

○ 미사(眉砂) : 입수에서 혈로 들어가는 부분.
○ 안산(案山) : 혈 앞쪽의 사(砂).
○ 조산(朝山) : 안산 밖의 멀리 있는 산.
○ 규봉(窺峰) : 혈에서 서면 보이고, 앉으면 보이지 않는 산. 도둑봉.
○ 두뇌(頭腦), 만두(巒頭) : 입수와 혈과의 접합점의 도톰한 부분.
○ 간문(扞門) : 파구의 양측에 대치하여 지켜 주는 산.
○ 선익(蟬翼) : 혈을 감싸고 있는 꽃받침과 같은 것. 외음순(外陰脣)에 비정.
○ 전순(前脣, 氈脣) : 명당 앞의 입술 같은 큰 것은 '전', 작은 것은 '순'이라 한다.
○ 휴수(休囚) : 발복(發福)의 시효가 끝난 상태.
○ 부모, 태식(胎息), 잉육(孕育) : 소조산 아래의 산이 부모산, 부모산에서 낙맥(落脈)하는 곳이 태(胎), 태 아래 속기처(束氣處)가 식(息), 식(息) 아래로 다시 일어난 봉우리가 잉(孕), 혈장을 육(育)이라고 한다.

청오경(青烏經) 해설

先生은 漢時代人이라.
선 생　　　한 시 대 인

精地理陰陽之術이나 而史失其名이라.
정 지 리 음 양 지 술　　　이 사 실 기 명

晉郭璞葬書引經曰爲證者가
진 곽 박 장 서 인 경 왈 위 증 자

卽此書也라.
즉 차 서 야

先生之書는 簡而嚴하고 約而當하여
선 생 지 서　　간 이 엄　　　약 이 당

誠後世陰陽家書之祖也라.
성 후 세 음 양 가 서 지 조 야

【풀이】

　(청오) 선생은 한(漢)나라 때의 사람이다. 지리와 음양술에 정통하였지만, 역사의 기록에는 그의 이름이 전해지지 않는다.

　진(晉)나라 곽박(郭璞)의 장서(葬書)에서 '경왈(經曰)'하며 증거로 인용하고 있는 것이 이 책이다. 선생의 글은 간략하지만 엄밀하고, 요약되고 타당하여 실로 훗날의 음양가들의 글에 조종(祖宗)이 될 만하다.

【자의(字義)】 ……………………

▸ 漢 한나라 한, 클 한, 도둑 한/ 精 찧을 정, 정할 정/ 晉 진나라 진
▸ 璞 옥돌 박/ 葬 장사지낼 장/ 引 끌 인/ 證 증거할 증
▸ 簡 간략할 간, 편지 간/ 誠 진실로 성, 성실할 성

【주해(注解)】

■ 而 : 어조사 이, 그래서, 그리고, 그러나 등으로 쓰인다.

■ 爲(위) : 원숭이는 앞발을 손같이 쓸 수 있다는데서 '하다' 뜻으로 만들어 졌다.

▸ 爲의 뜻 ; ① 위하다 ② 되다 ③ 이다 ④ 삼다 ⑤여기다 ⑥ 꾸미다 ⑦ 거짓되다(僞也) ⑧ 만들다 ⑦ ~로 생각하다(I think).

盤古에
반 고

渾淪에서 **氣萌大朴**하여
혼 륜   　 기 맹 대 박

分陰分陽하고 **爲淸爲濁**하여
분 음 분 양   　 위 청 위 탁

生老病死함에 **誰實主之**니
생 로 병 사   　 수 실 주 지

無其始也라.
무 기 시 야

無有議焉이면 **不能無也**니
무 유 의 언   　 불 능 무 야

吉凶形焉이라.
길 흉 형 언

【풀이】

　태고에 혼돈의 상태에서 기(氣)가 싹터 (그것이) 큰 바탕이 되서 음양이 나뉘어, 맑은 기운(淸)과 탁(濁)한 기운이 되어, 생로병사가 이루어졌는데, 실로 누가 이런 일들을 주관했겠는가?
　그 처음이란 것은 없다. 그 처음이란 것의 유무(有無)를 따져본다면 없다고 할 수도 없는 것이나, 길흉이라는 것도 그렇게 해서 형성된 것이다.

【자의(字義)】 ....

▸ 盤 큰 돌 반, 서릴 반, 받침 반/ 萌 싹 맹
▸ 渾 흐릴 혼, 온 혼/ 淪 빠질 륜, 잔물결 륜/ 誰 누구 수
▸ 議 의논할 의/ 焉 어찌 언, 어조사 언

【주해(注解)】

■ 盤古(반고) : 중국 태고의 전설상의 인물. 태고(太古)라는 뜻도 있다.

■ 반고(盤古) 전설

　태초(太初)에 거대한 알 모양의 우주 그 안에, 하늘과 땅의 구분도 없고 마치 노른자와 흰자가 뒤섞인 듯한 혼륜(渾淪, 혼돈) 시기의 이야기다.
　혼돈의 신의 형상은 다리가 여섯 개, 날개가 넷 달렸는데 얼굴은 전혀 없는 모양이었다. 그 혼륜 속에서 아주 작은 점 하나가 발생하더니 점점 자라 어마어마한 거인이 되었다. 그 거인이 반고(盤古)다. 반고는 계란 같은 그 속에서 깊은 잠에 빠져, 18,000년을 자고 부스스 눈을 뜨며 잠에서 깨어나자, 혼돈이 출렁거리기 시작했다. 반고가 큰 소리를 지르자 알이 깨지기 시작했다. 그 때 뱀과 같은 두 개의 기운이 알 밖으로 뻗쳐 나왔는데, 그게 음(陰)과 양(陽)의 두 기운이다.
　가벼운 것은 위로 올라가 양(陽)이 되고, 무거운 것은 아래로 내려가 음(陰)이 되어, 음은 땅이 되고, 양은 하늘이 되었는데, 하늘은 하루에 1장(丈, 3m)씩 위로 높아가고, 땅은 아래로 두꺼워져 갔다. 18,000년이 또 지나니, 반고의 키는 하늘과 땅에 닿아 하늘과 땅의 거리가 어

머 어마하게 멀어졌다. 거인 반고가 어느 날 툭~ 쓰러져서 죽었는데 몸 하나 하나가 만물로 변하기 시작했다. 반고가 내 쉰 숨은 바람과 구름이 되었고, 코고는 소리와 목소리는 우레가 되어, 1년에 벼락을 100만 번을 내리쳤고, 왼쪽 눈은 해(태양), 오른쪽 눈은 달이 되었다. 손과 발은 산이 되고, 머리와 사지는 오악(五嶽)이 되었는데, 그 머리가 곧 태산이다. 피는 강물과 바다, 힘줄은 길, 살은 논밭, 뼈는 돌과 쇠, 골수는 보석, 땀은 비가 되어 내렸다. 이렇게 된 것은 누가 그렇게 만든 것이 아니라 '자연(自然)', 스스로 그렇게 된 것이다. 이것이 중국 태초의 창세기(?) 이야기다.

반고 상(像)

謂 太始之世에는
위 태시지세

無陰陽之說 則亦無禍福之可議나
무 음 양 지 설   즉 역 무 화 복 지 가 의

及其有也에
급 기 유 야

吉凶感應이 如影隨形이니
길 흉 감 응   여 영 수 형

亦不可得而逃也니라.
역 불 가 득 이 도 야

【풀이】

    이르기를, 태초에는 음양의 설이 없었으니 또한 화복이란 것도 가히 따질 수 없었다. 급기야 그 것이 있게 되어, 길흉의 감응이 마치 그림자가 그 형체를 따라 비춰듯이, 따라서 (그것을 선택하여) 가질 수도 없고 그것을 피할 수도 없게 되었다.

【자의(字義)】 ....

▸ 謂 이를 위/ 及 미칠 급/ 應 응할 응/ 影 그림자 영

▸ 隨 따를 수/ 逃 도망갈 도

【주해(注解)】

■ 태역(太易), 태초(太初), 태시(太始), 태소(太素)

《列子(열자)》에 맨 처음을 나타내는 말로 태역(太易), 태초(太初), 태시(太始), 태소(太素) 등이 있다. 태역(太易)은 기가 생기기 전(未見氣也)의 근원을 나타내고, 태초(太初)는 기가 생겨날 때(氣之始也)요, 태시(太始)는 形(형)의 시작이요(形之始也), 태소(太素)는 질(質)의 시작을 나타낸다.

신약성경 요한복음 1장 1절에 나오는 '태초'는 희랍어 '엔아르케(en arxe)'로 되어 있고, 구역성경 창세기 1장 1절의 '태초'는 히브리어 '베레쉬트(bereshith)'로 되어 있다. 창세기의 베레쉬트(bereshith)는 세상이 창조될 때의 태초니 '기지시야(氣之始也)'의 태초요, 요한복음의 엔 아르케(en arxe)는 세상이 창조되기 이전 상태의 태초니, 열자의 표현을 따르면, 태역(太易)으로 표현할 수도 있다.

김일권 박사는 《연자(列子)》의 태역(太易), 대초, 태시(太始), 내소(太素)를 기독교의 삼위일체 사상에 비정하여 태역(太易)은 근원자 '성부(聖父)', 태초(太初)와 태시(太始)는 매개자 '성령(聖靈)', 태소(太素)는 치화주(治化主) '성자(聖子)'로 비정하였다.1)

---

1) 김일권, 《동양 천문사상 인간의 역사》(예문서원: 2007) 63쪽 참주

曷如其無인져 何惡其有인져
갈 여 기 무   하 악 기 유

言, 後世에 泥陰陽之學하여
언   후세   니음양지학

後世에 曷如上古 無之爲愈하고
후세   갈여상고 무지위유

旣不能無焉 則亦何惡之有이꼬.
기 불 능 무 언 즉 역 하 오 지 유

【풀이】

  어찌 없다 하리오, 어찌 또 있다 하리오!

  말하기를, 후세에 음양설에 얽혀서 어찌 먼 옛적에 무(無)에서 (만물이) 되었다고 할 수 있으며, 더욱이 이미 없을 수 없다 할 수 있으며, 또한 어찌 있다고 할 수 있으리오.

【자의(字義)】 ....

▸ 曷 어찌 갈, 언제 갈/ 惡(오, 악) 오찌 오, 악할 악
▸ 泥 진흙 니, 수렁 니/ 愈 더욱 유, 나을 유, 더할 유

【주해(注解)】

■ 曷如(갈여), 何惡(하오) : 曷如(갈여)와 何惡(하오)는 같은 뜻의 말.

藏於杳冥하여 實關休咎한대
장 어 묘 명　　　실 관 휴 구

以言諭人이니 似是而非면
이 언 유 인　　　사 시 이 비

其於末也 一無外此라
기 어 말 야　일 무 외 차

以地理禍福 諭人한대 似若譎詐欺罔이면
이 지 리 화 복　유 인　　　사 약 휼 사 기 망

及其從之效驗이니 無毫髮之少差焉이라.
급 기 종 지 효 험　　　무 호 발 지 소 차 언

【풀이】

　어둑한 곳에 매장하는 일은 진실로 좋고 나쁜 일에 관계된 일일진대, 말로써 사람들을 깨우쳐 주는 것이 보기에는 마치 옳지 않은 일 같기도 하지만, 그 끝을 보면 조금도 그것을 벗어나지 않는다.

　풍수지리의 화복설로써 사람들을 깨우치는 일이 마치 남을 속이고 거짓말 하는 것 같지만, 마침내 그 효험에는 터럭만한 차이도 없다.

【자의(字義)】……………………
▶ 藏 감출 장/ 杳 아득할 묘/ 冥 어두울 명, 저승 명/ 咎 허물 구, 재앙 구
▶ 休 쉴 휴, 아름다울 휴, 좋을 휴/ 諭 깨우칠 유, 비유할 유/ 譎 속일 휼
▶ 詐 속일 사/ 欺 속일 기/ 毫 터럭 호/ 髮 터럭 발

其若可忽이면 何假於予오
기 약 가 홀　　　하 가 어 여

辭之疣矣로 理無越斯리라
사 지 우 의　　리 무 월 사

萬一 陰陽之學이 可忽이면
만 일 음 양 지 학　　　가 홀

則何取於予之言也리잇고
즉 하 취 어 여 지 언 야

然이나 予之辭가 若贅疣어도
연　　　여 지 사　　약 췌 우

理則無越於此니라.
리 즉 무 월 어 차

【풀이】

　그것이 만약 소홀이 여겨도 되는 것이라면 어찌 나에게 좋을 수 있겠는가. 그것을 말로써 하는 것은 쓸데없는 것이니 이치는 그것(말)을 뛰어 넘지 못한다.

　만일, 음양학을 가볍게 여겨도 되는 것이라면, 어찌 나의 말을 취할 수 있단 말인가. 그러나 나의 말이 비록 군더더기 같은 것이라고 할지라도 이치는 이를 뛰어 넘을 수가 없다.

山川融結하여 峙流不絶함에
산 천 융 결　　　치 류 부 절

雙眸若無면 烏乎其別이리오.
쌍 모 약 무　　오 호 기 별

福厚之地는 雍容不迫이오
복 후 지 지　　옹 용 불 박

四合主顧니 卞其主客이라.
사 합 주 고　　변 기 주 객

雍容不迫은 言氣象之寬大요
옹 용 불 박　　언 기 상 지 관 대

四合周顧는 言左右前後無空缺이라.
사 합 주 고　　언 좌 우 전 후 무 공 결

【풀이】
　산천이 융결하여 언덕이 솟고 물의 흐름이 그치지 않으니, 두 눈이 없다면 오호! 그것을 어떻게 분별할 수 있으리오.
　후복(厚福)한 땅은 온화하여 궁박하지 않고 주변의 사신사(四神砂)가 감싸고 있으니, 그것은 주객의 법도에 맞는다. 온화하고 너그러우며 답답하지 않다함은 그 기상이 관대함을 말함이요, 주변은 사신사(四神砂)로 두루 감싸인 듯 하다함은 좌우전후가 허결함이 없음을 말함이다.

【자의(字義)】

‣ 融 녹을 융, 화할 융, 융통할 융/ 峙 높은 언덕 치/ 眸 눈동자 모
‣ 雍 화할 옹/ 迫 핍박할 박, 궁박할 박
‣ 卞 법 변, 조급할 변, 손바닥 칠 변
‣ 烏乎(오호) : 嗚呼(오호)와 같음. 감탄사

【주해(注解)】

■ 氣象(기상) : ① 기후 ② 타고난 기질
■ 雍容(옹용) : 온화한 모양. 雍雍(옹옹)과 같다.
■ 四合周顧(사합주고) : 주변의 사신사(四神砂)를 관찰한다.
■ 卞其主客(변기주객) : 주산과 주산이 아닌 앞의 객산(客山) 즉 안산(案山)이나 조산(朝産)의 기세가 바뀌지는 않았는가를 살펴 판별한다.

사신사(四神砂)

1. 북(北) 현무(玄武)

북 현무의 관찰은 혈 뒷편의 태조산으로부터 중조산, 근조산, 조산과 주산 등의 지세를 살핀다. 예를 들어, 경복궁의 지세를 관찰할 경우, 백두산(태조산)➝ 칠령(중조산)➝ 삼각산(근조산)➝ 북악산(주산) 등으로 살핀다.

풍수지리설에서 북 현무를 판별하는 경우, 지도상의 남북 개념을 기준으로 하는 것이 아니다. 풍수지리에서 북 현무는 지도상의 북쪽 개념에 전혀 상관없이, 혈처의 뒷편을 무조건 북쪽으로 설정한다.

따라서 혈이 어느 좌향으로 있던지 그에 상관없이 혈판에서 앞 쪽을 보며 그곳이 안(案)·조산(朝山), 왼쪽은 좌(左) 청룡(또는 東 청룡)이라고 하며, 왼쪽은 무조건 우(右) 백호(또는 西 백호)라고 부른다. 예를 들면, 금곡의 홍·유릉은 그 좌향이 서향(西向)이므로, 동쪽이 북 현무가 된다.

전북 고창군 부안면 인촌 김성수 생가, 전남 영암군 군서면 도갑리 구림마을의 최 부잣집과 경북 달성의 도동서원은 그 좌향이 북향하고 있는 곳이다.

한편, 중국 산동반도의 임치(臨淄)에 있는 강태공 의관총 또한 기세 좋게 북향으로 놓여있다. 이 경우 능선이 혈을 향해 내려온 남쪽이 북 현무가 된다. 《옥수경》에는 "조종의 세력이 크면, 자룡(子龍)의 기운 역시 힘차다"고 피력했다.

2. 좌(左) 청룡(青龍)

청룡 백호는 꼭 산이어야만 되는 것은 아니다. 강이나 연못 등 물로 대신하기도 한다. 가까이 있는 것은 내(內)청룡, 멀리 있는 것은 외(外)청룡으로 부른다.

3. 우(右) 백호(白虎)

백호의 기상은 백호가 웅크리고 앉아 있는 듯한 것을 제격으로 친다.

청룡 백호는 혈을 감싸는 담장과 같은 것이다. 곧, 내 청룡 내 백호는 사람의 국부에 해당되는 혈을 보호하는 넓적다리에 비정되며, 외청룡 외백호는 두 팔에 해당된다고 비정한다.

4. 남(南) 주작(朱雀)

혈 앞 쪽에 있는 안산(案山), 조산(朝山)을 말한다. 안산이란 책상에 앉은 것 같다는 뜻에서 온 말이고, 조산(朝山)은 신하가 임금에게 조회(朝會)하는 데서 온 말이다. 가까이 있는 것은 안산, 멀리 보이는 것은 조산이다. 산 대신 물을 주작으로 판별하기도 한다.

조산(朝山)은 없어도 성국(成局)이 되지만, 아무리 작은 혈처라도 안산이 없으면 국이 이루어 지지 않는다. 따라서 밖에 있는 천겹의 산이 하나의 안산만 못하다고 본다.

山欲其迎하고 水欲其澄이라
산 욕 기 영   수 욕 기 징

山本靜而欲其動하고
산 본 정 이 욕 기 동

水本動而欲其靜也라
수 본 동 이 욕 기 정 야

【풀이】
산은 마중 나아가려고 하고, 물은 고요하려고 한다.
산은 본래 고요한 것이라 움직임이 필요하고,
물은 본래 움직이는 것이라서 고요하려 한다.

【자의(字義)】 ....
▸ 欲 하고자할 욕/ 迎 맞을 영, 마중 나갈 영
▸ 澄 맑을 징/ 靜 고요할 정

【주해(注解)】

■ 주역의 원리는 '生生不已(생생불이)'이다.
삼라만상은 고정되지 않고 끊임없이 생(生)하고 생(生)한다는 말이다.
즉 정(靜)은 동(動)하려 하고, 動(동)은 靜(정)하려 하는 원리다.

山來水回면 逼貴豊財요
산 래 수 회　　핍 귀 풍 재

山囚水流면 虜王滅侯니라
산 수 수 류　　로 왕 멸 후

逼貴者는 言貴來之速也요
핍 귀 자　　언 귀 래 지 속 야

郭璞引證言壽貴而財는
곽 박 인 증 언 수 귀 이 재

字雖少異나 而意則稍同이니라.
자 수 소 이　　이 의 즉 초 동

【풀이】

　산의 내맥이 흘러오고, 물이 돌아들면 부귀가 가깝고 재물이 풍부해 지나, 산옥(山獄)이거나 물이 급히 빠져나가면 왕은 붙잡히고 제후는 멸망하게 된다. 곧 귀하게 될 것이라는 것은 존귀하게 되는 것이 속히 옴을 말함이요, 곽박이 인증한 장수와 존귀, 그리고 재물이 풍부하다는 말도 그 글자에 비록 약간의 차이가 있다 해도 그 뜻은 거의 같은 것이다.

【자의(字義)】 ....
▸ 逼 핍박할 핍, 가까울 핍/ 豊 풍성할 풍/ 財 재물 재/ 侯 제후 후
▸ 虜 사로잡을 로, 포로 로/ 速 빠를 속/ 稍 고를 초, 점점 초

【주해(注解)】

■ 능선 내맥[龍]의 관찰
 《설심부(雪心賦)》에 "용은 세(勢)로써 보고, 혈은 형태로써 보라(觀龍以勢 察形以形)"고 했다. 능선이 굵고 힘찬 것은 건강한 용(健龍)이고 능선이 빈약하고 가는 것은 약한 용(龍), 맥이 끊어진 것은 죽은 용(死龍), 병든 용, 한쪽으로 삐뚤어진 것은 편룡(偏龍), 순하게 진행하는 것은 순룡(順龍), 거칠게 거역하는 기세는 역룡(逆龍), 용신이 쪼개진 것은 겁룡(怯龍), 절벽이거나 뾰족뾰족 하게 날카로운 것은 살룡(殺龍)이라고 한다.
■ 명산론(明山論)에서는 용을 열 두 용(龍)으로 구분한다.
 (1) 4길룡[吉龍, 길한 룡] : 생룡(生龍), 복룡(福龍), 응룡(應龍), 읍룡(揖龍)
 (2) 8흉룡[凶龍, 흉한 룡] : 왕룡(枉龍), 살룡(殺龍), 귀룡(鬼龍), 겁룡(怯龍)
                    유룡(游龍), 병룡(病龍) 사룡(死龍) 절룡(絶龍)

■ 길한 팔룡(八龍)
① 왕룡(枉龍) : 지세가 촉박하여 혈을 받지 못하는 곳. 술법에서는 요절하거나 사특하게 된다고 본다.
② 살룡(殺龍) : 좌우가 예리 한 곳. 짐승의 피해를 받거나 사고를 당

한다고 본다.

③ 귀룡(鬼龍) : 갈라지는 것이 많은 곳. 질병에 걸린다고 본다.

④ 유룡(游龍) : 어지럽게 흩어진 곳. 음탕하고 탕진한다.

⑤ 병룡(病龍) : 한 쪽으로 기울고 무너진 곳. 질병, 요절, 손재(損財)가 든다.

⑥ 사룡(死龍) : 능선이 끊어지고 밋밋한 곳. 불구, 관재, 패가.

⑦ 절룡(絶龍) : 단절된 곳. 절손 무후로 판별.

⑧ 역룡(逆龍) : 거스르는 형세.

■ 산수(山囚) :

천옥(天獄)이라고도 부른다. 산세가 혈을 답답하게 둘러싸고 있는 지형. 충남 천안시 북면과 병천면 경계에 있는 암행어사 박문수 묘가 있는 은석산(455m) 기슭의 퇴락하여 고가(古家)처럼 되어 있는 한 절 터는 풍수계에서는 천옥으로 치는 곳이다.

이런 곳은 그 단순함과 답답함이 지나쳐 무료하게 느껴지기 시작하여 이런 자리에서 도를 닦으러 찾아드는 사람은 진득하게 지내지 못하고 잠시 머물렀다가는 훌쩍 떠나가 버리는 그런 곳이니 절간이 퇴락할 수밖에 없다. 이런 곳은 운수행각으로 떠도는 승려가 잠시 도피해서 지내다 가는 그런 곳이라고 본다.

■ 물 보는 법[得水, 破口]

풍수는 산만 보는 것이 아니다. 물을 더 중시한다(得水爲上 藏風次之). 그래서 풍수서에는 "반드시 물을 먼저 보라(先須看水勢)"고 되어 있다. 산의 혈처는 여인이 가랑이를 벌리고 있는 모양으로 비정하여 음(陰)으로, 물은 흐르고 움직이기 때문에 양(陽)에 비정한다. 골짜기, 밭고랑, 도랑 물, 강물, 개울, 바다도 물로 보고, 한편 평지보다 한 자만 낮아도 형편에 따라 물로 간주한다.

득수가 입이라면 파구는 항문에 비정한다. 그런 까닭에 물은 길한 좌향에서 들어와야 하고 나쁜 좌향으로 나가는 곳이 좋다고 판단한다. 좋은 것을 갖고 들어와 나쁜 찌꺼기를 가지고 나가야 좋다. 따라서 득수는 생왕(生旺) 좌향이어야 하고, 파구는 허(虛)하거나, 훤히 보이면 좋지 않고, 닫혀 있는 것이 좋다고 본다.

풍수에서 물은 재물을 상징하며, 급하게 직류하는 물 좌우에는 명당이 없다. 물이 급히 빠져 나가면, 재물도 그와 같이 급하게 빠져 나간다고 본다.

山頓水曲이면 子孫千億이오
산 돈 수 곡   자 손 천 억

山走水直 從人寄食이며
산 주 수 직 종 인 기 식

水過西東이면 財寶無窮이오
수 과 서 동   재 보 무 궁

三橫四直이면 官職彌崇이며
삼 횡 사 직   관 직 미 숭

九曲委蛇가 準擬沙堤하여
구 곡 위 사   준 의 사 제

重重交鎖면 極品官資라.
중 중 교 쇄   극 품 관 자

氣乘風散이오 脈遇水止
기 승 풍 산   맥 우 수 지

藏隱蜿蜒이면 富貴之地.
장 은 완 연   부 귀 지 지

璞云 界水則止가 意則一也라
박 운 계 수 즉 지   의 즉 일 야

【풀이】

　산이 머물고 물이 감돌아 돌면 자손이 수도 없이 번성할 것이요, 산이 달아나듯 하고 물이 세차게 직류(直流)하면 남의 종이 되어 기식(寄食)하며 살게 될 것이요, 물이 서쪽을 지나 동쪽으로 지나면 재물이 무궁할 것이요, 세 번 휘돌고 네 번을 내 지르면 관직이 더욱 높아질 것이요, 굴곡이 구불구불 굽이치면 마치 물가에 모래 물결처럼 겹겹으로 서로 잠그듯 감싸 안으면 관직이 최고에 이를 것이다. 기(氣)는 바람을 타면 흩어지고(氣乘風散), 용맥은 물을 만나면 멈추는 것이니(脈遇水止), 길게 구불구불 감돌아 싸안아 주는 곳에 (장사지내) 갈무리해야 부귀의 땅이라 할 수 있는 것이다. 곽박이 말하기를, 기는 물에 이르면 곧 멈춘다는 것과 한 가지 뜻이다.

【자의(字義)】 ....

▸ 頓 머무를 돈, 쌓을 돈, 조아릴 돈, 갑자기 돈
▸ 彌 두루 미, 더욱 미, 오랠 미/ 鎖 자물쇠 쇄, 쇠사슬 쇄, 잠글 쇄
▸ 乘 탈 승/ 遇 만날 우, 접대할 우

【주해(注解)】

■ 寄食(기식) : 남의 집에 빌붙어서 얻어먹음.
■ 委蛇(위이) : 구불구불 에워드림 委迤(위이)로도 씀
■ 準擬(준의) : 견줌. 비김.
■ 蜿蜒(완연) : 구불구불한 모양.
■ 蜿(완) : 꿈틀거릴 완. / 蜒(연) : 꿈틀거릴 연.

- **혈(穴)** : 혈(穴)은 굽이굽이 감돌아 마치 치마폭으로 감싸듯 혈처가 잘 드러나 보이지 않는 곳이 명혈이다. 치마를 홀딱 제키고 속살이 다 드러나 보이는 듯 한 곳은 명혈이 아니다.

- **기승풍산(氣乘風散) 계수즉지(界水則止)**

  기(氣)는 바람을 타면 흩어지고 물에 닿으면 곧 멈춘다. 기(氣)는 물을 건너지 못한다. 지맥은 물을 경계로 하고 멈춘다고 보는 풍수 이론이다. 이러한 원리로 김정호의 대동여지도도 제작되었고, 서울의 지세를 풍수로 감별할 때도 이 이론으로 설명한다.

● 서울의 지맥

서울의 지세를 감별할 때는 삼각산, 북악산으로 응결된 지맥(地脈)과 한강을 사이에 두고 남쪽의 관악산, 대모산에서 응결된 지맥이 서로 상응하고 있는 지세다.

경복궁이 자리 잡고 있는 터의 내맥은 태조산인 백두산에서부터 시발한다. 백두산 내맥이 남으로 내려 뻗어 강원도 북쪽의 철령에서 힘을 크게 모아 한북(漢北)정맥을 이루며 수 백리를 서남향하여 대성산을 거쳐 백운산, 국망봉(1168m), 강씨봉, 청계산(849m), 원통산(567m), 운악산(936m), 굴치(屈峙)를 거쳐 국사봉(547m), 죽엽산(601m)을 지나, 축석령(祝石嶺), 불곡산, 홍봉산을 지나 도봉산을 이루고, 우이령에서 잠시 고개를 숙였다가 멀리 한강을 바라보면서 한껏 남근처럼 기세를 뽐내며 벋쳐올라 인수봉 백운대 만경대를 삼각으로 솟고, 보현봉에서 형제봉을 거쳐 그 아래로 북악터널에서 과협을 놓고 경복궁의 주산인 북악산으로 와서 혈을 맺었다.

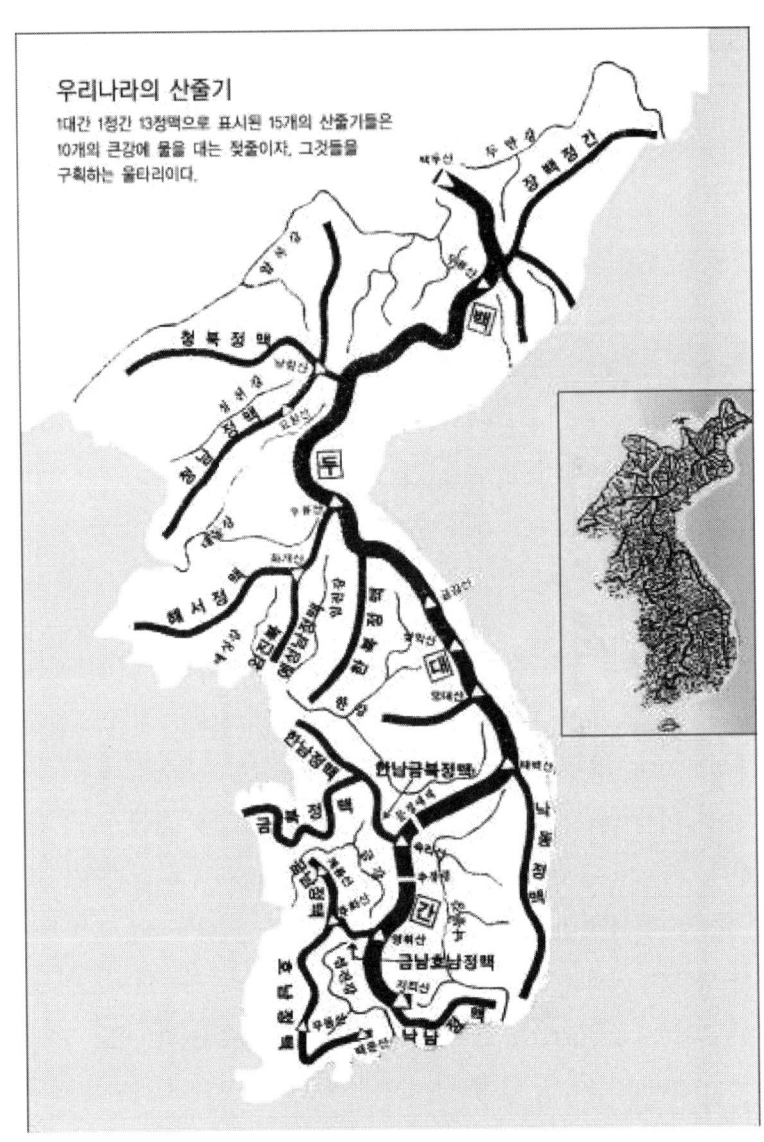

〈우리나라의 산줄기〉

한편, 관악산이나 세곡동 대모산의 내맥은 백두대간의 태백산으로 거쳐 상주의 속리산에 이르고, 거기서 북서쪽으로 꺾여 또 수 백리를 달려 한남(漢南)정맥 수원 광교산(542m)에서 북행하여 백운산, 관악산, 또는 백운산, 바라산, 국사봉(國思峰), 청계산, 용현(龍峴), 구룡산(九龍山, 283m), 대모산으로 이어와 한강을 사이에 두고 계수즉지(界水則止), 곧 경계를 넘지 못하고 한강 남쪽에 머물러 강 건너 남산을 바라보면서 우뚝 멈춰 섰다.

- 안동 하회마을의 지맥

하회마을에 대한 풍수지리적 지세로 감별하면, 제 각기 천리를 달려 온 남성[花山]과 건너편 원지산, 부용대 겸암정 상봉정 사이의 음처(陰處)와 상봉하는 천리행룡(千里行龍) 음양상화(陰陽相和)의 형국이다.

〈충효당, 허목(許穆) 글씨〉

화산(花山, 271m)은 백두대간인 태백산 소백산사이의 박달령 아래의 옥돌봉(1242m)에서 문수산(1206m) - 봉화의 동쪽을 지나 명호의 만리산(792m), 도산의 용두산(661m), 녹전의 봉수산(烽燧山, 570m), 북후면의 불로봉(482m)으로 이어져 흘러내려 온 후, 안동기맥은 조운산(朝雲山, 630m)과 조골산(照骨山), 학가산(870m)으로 내려왔다. 그 원래 흐름은 학가산에서 보문산(643m), 풍천 뒷편의 검무산(332m)에서 내려온 가일(佳日)의 정산(井山, 300m)을 거쳐 풍산들에서 그 모습을 감추고 은룡(隱龍)으로 행진하여 마지막으로 힘을 불끈 모아 솟구쳐 놓은 산이 화산이다. 이 화산 내맥이 하회마을로 흘러 내려 산기슭에 있는 국사당 자리에 이르러 거기서부터 완만해지기 시작하여 마을 입구에서 펑퍼짐하게 주차장 앞으로 감별하기 쉽지 않게 흘러내려(풍수에서는 평지룡에서는 평지보다 1尺만 높아도 산으로 치고, 평지보다 1척만 낮아도 물로 본다) 충효당 뒤뜰 잔디밭에 이르러 멈칫 하다가 충효당에서 오른쪽으로 살짝 꺾어 삼진당과 양진당에 이르러 결혈하였다.

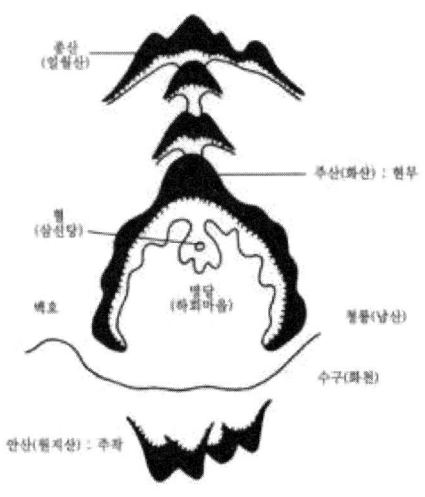

〈하회마을 지도〉

한편, 화산 건너편의 남산과 부용대는 영천에 있는 낙동정맥의 모자산(母子山, 지금의 보현산, 1124m)에서 북쪽으로 치달려온 산줄기의 끝이다. 보현산에서 출발한 산줄기는 세 개로 나뉜다. 그 가운데 북동쪽으로 치달리는 산줄기를 '응봉(鷹峰)기맥'이라고 부른다. 이 응봉기맥은 보현산에서 응봉(800m)을 거쳐 의성군 춘산면 구무산(676m)을 지나 사곡면의 북쪽과 옥산면의 남쪽을 경계 지으며 치달리다가 의성읍의 북쪽 천제봉(359m)을 거쳐 안동시 일직면의 산표당(444m)에 이른다. 부용대는 산표당에서 갈라져 나온 산줄기가 안동시 남후면으로 들어오다가 서쪽 풍천면으로 방향을 틀어 하회의 남산과 마늘봉을 일으킨 뒤 산줄기의 끝 부분인 부용대에서 낙동강을 사이에 두고 하회와 만난다.

안동 하회마을의 형국은 ① 천리행룡(千里行龍)에 음양상화처(陰陽相和處) ② 산(山) 태극 수(水) 태극의 형국 ③ 연화부수형(蓮花浮水形) ④ 행주형(行舟形) ⑤ 다리미 형 ⑥ 사선기국(四仙棋局) ⑦ 돌혈(突穴)의 혈상(穴相) 등으로 칭한다.

이러한 풍수지리적 명당이 하회마을에 어떤 영향을 미쳤는가? 하는 점에 관하여는 유교철학의 '혼·백(魂·魄)' 사상에 근거한 인간구조론을 이해하여야 한다.

유교철학에서의 인간구조론

1. 인간구조의 '혼·백(魂·魄)'은 기(氣)의 응취소산(凝聚消散)으로 이루어진다.

　유교철학에서는 인간의 '혼·백(魂·魄)'은 기(氣)가 '모이고 흩어지는 것(응취이산凝聚離散)'에 의해 생존하기도 하고 없어지기도 하는 것으로 본다. 즉 사람은 물론 모든 만물이 존재하고 사라지는 생성소멸, 생육화성(生育化成)은 기(氣)의 허실(虛實), 동정(動靜), 취산(聚散), 청탁(淸濁)에 의해서 모이는 것을 생(生), 흩어지는 것을 사(死)라고 본다.

① 《주역》·〈계사전상〉에 "만물의 시종을 살펴보니 사생(死生)에 대해 알 수 있는데 정기가 모여서 물(物)이 되고, 혼백이 흩어 져서 변하게 되는 것이니 이로써 귀신의 정상(情狀)도 알 수가 있다(原始反終 故知死生之說 精氣爲物 遊魂爲變 是故 知鬼神情狀)"라고 했다. 【《주역》·〈계사전상(繫辭傳上)〉】

② 화담 서경덕도 "사생(死生)과 인귀(人鬼)는 취산(聚散)의 문제이지 유무(有無)의 문제가 아니다. 그리고 취산에는 미미하냐[微], 현저하냐[著]와 시간이 오래냐[久], 급하게 되느냐[速]하는 문제가 있을 따름이지 결국에는 모두가 태허지기로 돌아간다(吾亦曰 死生人鬼 只是氣之聚散而已 有聚散而無有無 氣之本體然矣....聚散之勢 有微著久速耳, 大小之聚散 歸於太虛)"고 했다. 【《화담집》】

③ 율곡 이이도 "사람이 죽으면 혼기는 하늘로 올라가고 정백(精魄)은 땅으로 내려가서 그 기가 점차 흩어져 결국 에는 모두가 소멸되어 없어진다(其生也 伸而爲神 其死也 屈而爲鬼 魂氣昇于天 精魄歸于地 則其氣散矣 其氣雖散而未據泯滅)"고 했다. 【《화담집》】

이와 같이 사람의 혼・백은 기(氣)의 이합집산에 따라 그것의 생존과 수명이 좌우되는 것이라 했다.

2. 혼(魂)과 백(魄)의 사후(死後) 잔생(殘生)

옛 상형문자에는 인간의 혼백을 나타내는 고전적 표현인 '귀(鬼)'를 나타내는 글자 두 개가 있다.

그 하나는 귀(鬼 ← 兔)이고, 다른 하나는 귀(鬼 ← 鬼)이다.

```
(男, 양, 혼, 天氣) 兔    → 上鬼(淸, 靈的)   → 神    → 魂(3혼)
      ⋮         /    subtilior-Intelligens
   사람 人
      ⋮         \
(女, 음, 백, 地氣) 鬼    → 下鬼(濁, 覺的)   → 鬼    → 魄(7백)
                     crassisor vegetiv-sensitiv
```

사람은 천기(天氣)인 혼(魂)과 지기(地氣)인 백(魄)의 결합으로 생성되는데, 이 경우 백(魄)이 먼저 생기고 혼(魂)이 나중에 생긴다고 설명한다. 즉 백(魄)은 임신할 때 정자와 난자의 결합으로 수정체가 생길 때 생기고, 혼은 아기가 자궁에서 나올 때 첫 울음을 우는 순간 인체(심장, Cor)에 들어온다.

혼(魂)은 '云 + 鬼'의 합성어로써 '云'은 '구름(雲)', '공기', '천기(天氣)'를 뜻하고, 백(魄)은 '白 + 鬼'로써 '白'은 아버지의 흰 색의 정액(Sperma, Sperm)을 나타내는 글자이다.

한편, 사람이 죽으면 '혼(魂)은 천기(天氣)로 돌아가고, 백은 지기(地氣)로 돌아가는데(魂氣歸于天, 形魄歸于地)'【예기禮記】】, '돌아갈 때는 백이 먼저 없어지고, 혼이 나중에 없어진다.(鬼云爲魂, 鬼白爲魄. 氣便是魂, 精便是魄. 天一生物 始化白魄 呼吸爲魂. 先有魄而後有魂, 是魄先衰).'

사람이 죽으면, 시신을 수습하고, 입관(대렴大殮) 절차를 거치는데, 바로 이 과정에서 혼백(魂魄)의 '혼(魂)'과 '백(魄)'이 분리 되는 곳으로 보고 있다.

천기(天氣)로부터 온 혼(魂)과 지기(地氣)를 받은 백(魄)이 이 절차에서 혼은 천기로 돌아가고, 백은 지기로 돌아가게 된다고 본다. 이를 혼승백강(魂昇魄降)이라고 부른다. 즉 혼은 혼백(魂帛)상자에 자리를 잡고, 백은 시신과 함께 관 속으로 들어가 산소에 묻히게 되는 것이다. 앞서 언급한 바와 같이 한자 '백(魄)'은 '백(白) + 귀(鬼)'의 합성어로 여기서 '백(白)'은 남자의 하얀색 정액(sperma, sperm)을 나타내는 남성의 상징이다. 그리고 풍수지리설의 혈(穴)은 여성의 상징이다. 곧 대지의 자궁(vagina outlet)을 상징한다. 따라서 남성의 상징인 백(魄, sperma)이 여성을 찾아가는 원리가 풍수의 원리이다.

《예기(禮記)》·〈잡기(雜記) 하(下)〉에는 "삼우제 후 3개월이 지나 지내는 졸곡제사를 지내고 나면 신(神)으로 섬긴다"는 말이 있다. 즉 졸곡제 이튿날에 지내는 부제(祔祭)가 바로 혼백을 조상신으로 모시는 제사다. 이렇게 해서 조상신이 된 조상의 혼령은 영원불멸하는 존재가 아니고, 사람이 죽은 후 그 잔생(殘生, survival)을 얼마 동안 살다가 사라지는 시한적 존재로 본다.

① 생리적(physically)으로 미숙하거나 도덕적(morally)으로 선하지 못한 혼령은 육체를 떠나는 순간 오래 살지 못하고 조만간 소멸되어 없어져 버리고 만다.
② 불행하게 죽은 혼령은 조상신의 반열에 들지 못하고 원혼(怨魂)이 되어 배회하다가 소멸된다.
③ 후손들로 부터 제사를 충분히 받아먹지 못한 귀는 배를 주리게 되어 기진하여 소멸된다.
④ 제사를 지속적으로 공궤 받은 귀(鬼)도 그 포양(飽養)의 풍부, 빈곤, 장단(長短), 정성 여하에 정비례하여 3,4대 가량 잔명(殘命)을 유지하다가 소멸되고 만다.
⑤ 혹 '건국시조의 신주(周禮에서는 영구히 제사하라고 했다)'나 부조지전(不祧之典, 혁혁한 공을 세워 영구히 그 귀를 섬기라고 특명한 鬼)으로 초절화 된 귀신이라도 사람이 오래되어 사람들의 기억에서 잊혀지고 제사가 끊어지게 되면 결국에는 모두가 종극적(終極的) 적멸(寂滅, Annihilation, 無化)에 이르게 된다.

3. 그러면, 조상신[鬼]의 잔명(殘命) 기간은 얼마나 될까?

① 150년 설 ;《주례(周禮)》에서는 6대 이상이 되면 귀신(조상신)은 소멸되니 제사를 지내지 말라고 했다. 고로 1세대를 25년으로 계수하면(6대x25년) 150년이 된다.2)
② 120~130년 설 ; 선가(仙家)인 숙저자(叔苴子)는 "5대만에 없어지지 않는 혼은 없다(無五世不盡之魂)"라고 했다.3) 따라서 120~130년이 된다.

---

2) 지금은 1대를 30년으로 계산하는 경향이 있으나, 옛날에는 20세 이전에 결혼하는 예가 허다했으니 1세대를 20년으로 계산할 수도 있다. 여기서는 그 중간인 25년을 기준으로 했다.
3) 주재용,《선유의 천주사상과 제사 문제》(서울: 가톨릭출판사, 1995) 172쪽.

③ 정자(程子), 주자(朱子)의 100년 설 ; 정자와 주자는 "고조유복(高祖有服) 불가부제(不可不祭)"라고 했으니, 고조 4代 봉사(奉祀)면 100년이 된다.4)

④ 고려 말의 정몽주와 조선조 세조(世祖) 때 편찬한 《경국대전(經國大典)》에서는, 6품 이상은 3대만 제사하고(3대×25년=75년), 7품 이하는 2대만 제사하고(2대×25년=50년), 서민은 부모만 제사하라(25년)고 국법으로 정했다. 그렇지만, 조선조 대부분의 백성들은 경국대전의 규제를 무시하고 정자, 주자의 "고조유복(高祖有服) 불가부제(不可不祭)"라는 이론에 근거하여 4대까지 제사 지냈다. 근래의 가정의례 준칙에는 2대(代)만 제사하라고 규정했다.

이상의 고찰에서 살펴 본 바처럼 사람의 혼백은 죽은 후 95일이 지난 부제(祔祭)로 부터 조상신으로 신격화되어 잔생(survivance)을 살게 되는데, 그중 허약한 것은 일찍 없어지고, 성숙한 것도 길어야 150년 정도면 거의가 다 소진(消盡)되어 무화(無化)되고, 혹 부조지전 등 특별한 경우의 초절화 된 귀(鬼)는 좀 더 오래 가는 경우도 있으나, 그것도 종국에는 모두 소멸되는 것으로 본다.

그런데 불천위(不遷位)라고도 하는 부조지전(不祧之典)을 명(命)받은 경우에는 그 신위를 폐하지 말고 영구히 제사하라는 영예였다. 산골 궁벽한 조그만 마을 이 하회마을에는 이러한 부조지전으로 대우 받은 인물이 여섯 분이나 배출된 곳이라 하여 유가 사회에서는 선망의 대상으로 꼽혀온 곳이었다.

---

4) 임돈희, 《조상제례》(서울: 대원사, 1990) 96쪽.

不畜之穴은 是謂腐骨이요,
　불축지혈　　시위부골

不及之穴은 生人絕滅이요,
　불급지혈　　생인절멸

騰漏之穴은 翻棺敗槨이요,
　등루지혈　　번관패곽

背囚之穴은 寒水滴瀝이니
　배수지혈　　한수적력

其爲可畏라. 可不愼哉인져.
　기위가외　　가불신재

【풀이】

 (생기가) 모이지 않는 혈은 뼈가 썩고, (생기가) 미치지 못한 혈은 살아 있는 사람이 모두 멸절하게 되고, (생기가) 날아가고 새 나가는 혈은 관곽이 뒤집히게 되고, (생기가) 돌아서 배반하고 막힌 혈은 찬 물이 방울방울 내릴 것이니, 그것이 바로 두렵고 걱정되는 일들이다. 가히 삼가야 할진저!

不畜者 言山之無包藏也요
불 축 자　언 산 지 무 포 장 야

不及者는 言山之無朝對也요
불 급 자　언 산 지 무 조 대 야

騰漏者는 言其空缺이요
등 루 자　언 기 공 결

背囚者는 言其幽陰이니
배 수 자　언 기 유 음

此等之穴은 不可葬也니라.
차 등 지 혈　불 가 장 야

【풀이】

　생기가 모이지 못한다는 것은 감싸 주는 산이 없다는 말이요, 생기가 미치지 못했다는 것은 산에 마주 대하는 안산 조산이 없다는 말이요, 생기가 날아가고 새나간다는 것은 혈에 허결한 점이 있다는 말이요, 생기가 배신하고 막혔다는 것은 혈이 그늘지고 음습하다는 말이니, 이런 혈에 묻을 수 없다.

【자의(字義)】

- 畜 쌓일 축, 기를 휵/ 腐 썩을 부/ 騰 날아오를 등
- 漏 샐 루/ 槨 외관 곽
- 翻 뒤집힐 번/ 畏 두려워 할 외
- 背 등 배, 배반할 배/ 慎 삼갈 신

【주해(注解)】

■ 무덤 속에서 일어나는 현상들

　유교철학의 인성 구조론에서는 '뼈'를 중시한다. 사람의 뼈는 혼(魂)·백(魄) 중에서 '백(魄)'이 뼈를 이루는 기본 요소요 지기(地氣)의 정령(精靈)이라는 것이다. 따라서 뼈의 수명이 곧 혼백의 생존 수명이 된다. 따라서 뼈의 소멸은 곧 백(魄)의 소멸을 의미한다. 이러한 원리로 볼 때, 뼈가 잔존하는 상태에 있어서, 뼈가 괴로운 상태에 있다면 그것은 곧 백의 괴로움으로 간주한다.

　유교철학에서의 사후잔생(死後殘生) 사상은 무덤 속의 환경이 뼈에게 좋은 길지에 들어서 속히 육탈(肉脫, 살이 썩어 뼈에서 떨어지거나 없어지는 상태)하고, 황골(黃骨)이 되어 편안히 오래 잔존하는 것을 이상적인 경지로 본다.

　그래서 무덤에 물이 들거나(수렴), 나무뿌리가 휘감기거나(목렴), 바람이 들거나(풍렴), 벌레들이 우글거리거나(충렴), 불을 맞듯 시커멓게 타거나(화렴) 하는 것을 기피한다.

관곽이 뒤집히는 현상은 연약한 지층에서 변동이 일어나는 현상인데, 풍수에서는 '천덕방(天德方)'이 허약하면 시신이 뒤집힌다'고 했고, 또 '진술축미(辰戌丑未) 맥이 건곤간손(乾坤艮巽)을 만나지 못하면 시신이 이동한다'고 했다.

무덤 속에서는 구체적으로 다음과 같은 현상이 일어난다.
① 목렴(木廉) : 나무뿌리가 시신을 휘 감는 현상.
② 화렴(火廉) : 시신이 불에 탄 듯 까맣게 되는 현상.
③ 수렴(水廉) : 광중에 물이 괴서 시신이 흉하게 되는 것.
④ 모렴(毛廉) : 머리털이나 곰팡이 같은 것이 낀 것.
⑤ 충렴(蟲廉) : 자치벌레, 개미, 뱀, 지네, 쥐 등이 득실거리는 것.
⑥ 풍렴(風廉) : 시신에 바람이 들어 뼈가 새까맣게 탄다.
⑦ 생시혈(生屍穴) : 시신이 썩지 않고 그대로 있는 곳.
⑧ 도시혈(逃屍穴, 盜屍穴) : 시신이 없어지는 현상.
⑨ 황골(黃骨) : 뼈에 기름기가 있는 것처럼 누렇게 되는 현상을 가리킨다. 황골에 맺히는 이슬을 옥루(玉漏)라 한다.

■ 홍 · 유릉의 풍수
경기도 금곡에 있는 고종황제와 순종황제의 능인 홍릉과 유릉에 대하여 일제는 그곳이 거팔래팔(去八來八) 십자통기(十字通氣)의 매화낙지(梅花落地)의 명당이라고 선전했다. 하지만 그 능 앞에는 소나무들이 쓰러지듯 서있는 도시혈(逃屍穴)의 가국허화(假局虛花)의 허혈(虛穴)이라고 본다.

동작동 국립묘지의 육영수 여사의 묘에 대해서도 한 때 시신이 썩지 않는 생시혈(生屍穴)이라고 해서 떠들썩했던 일이 있다.

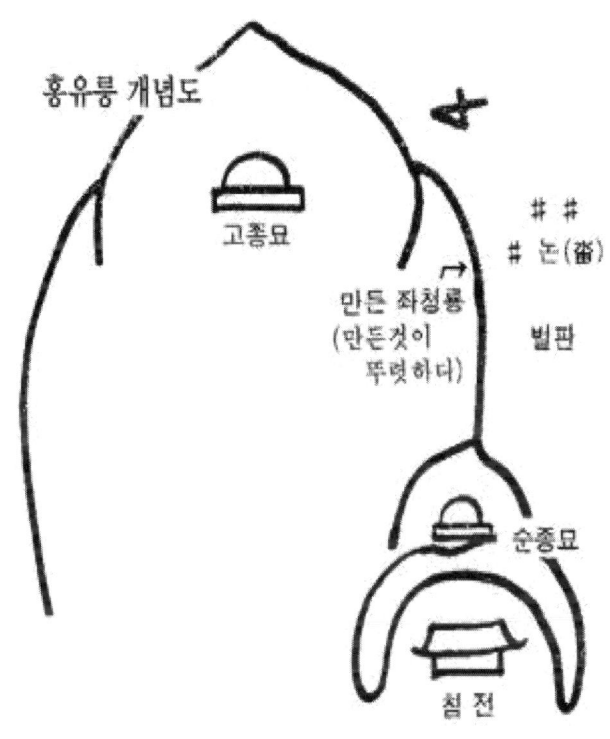

〈홍·유릉 개념도〉

百年幻化에 離形歸眞하고
백년환화이형귀진

精神入門 骨骸反根하니
정신입문골해반근

吉氣感應하면 累福及人이라.
길기감응루복급인

累者多也니 言受多福이라.
루자다야언수다복

郭璞以爲鬼福에 鬼字는 誤也라.
곽박이위귀복귀자오야

【풀이】

　　백년이면 인간은 환화(幻化)해서 그 형체를 벗어나 본래의 진상으로 돌아가고, 정(精)과 신(神)은 문으로 들어가며, 뼈는 그 뿌리로 돌아가는데, (그 뼈가) 길한 기운에 감응하면 많은 복이 사람에게 미치리라.

　　누자(累者)란 많다는 뜻이니 많은 복을 받는다는 말이다.

　　곽박이 귀복(鬼福)이라고 했는데, 그것은 '귀(鬼)' 자(字)가 잘못된 것이다.

【자의(字義)】 ....

▸ 骸 해골 해/ 累 여러 루, 거듭할 루, 더럽힐 루.
▸ 幻化(환화) : 우주 만물이 환상과 같이 변화하는 일.

【주해(注解)】

■ 정백(精魄, sperma)과 땅[地母]의 혈(穴)

시신의 하구(下柩, 하관)은 정백(精魄, sperma)이 땅(地母)의 혈(穴, vulva)을 찾아 들어가는 이치에 있다. 백(魄)자는 '흰白'과 '귀신 鬼'자의 합성 글자다. 여기서 '흰 白'은 아버지의 정액(sperm, sperma)을 나타낸다. 따라서 무덤의 혈(穴)은 여성(vulva)에 비정한다. 곧, 대지의 자궁, 곧 지녀(地女) 또는 지모(地母)의 '자궁'으로 보는 것이다.

구체적으로 설명하면,

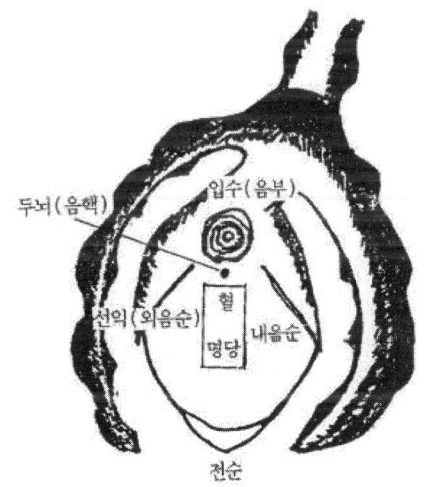

- 입수(入首)는 음부(陰阜, mons pubis)
- 두뇌(頭腦)는 음핵(陰核, clitoris)
- 안 두덩은 내음순(內陰脣, the labia minora)
- 선익(蟬翼)은 외음순(外陰脣, the labia majora)
- 내명당(內明堂)은 질구(膣口, vagina orfice)
- 혈(穴, vagina outlet, the orfice of the vagina)은 대지의 자궁으로 들어가는 옥문(玉門, jade gate)으로 비정한다.

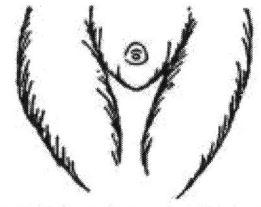

조치원 부근에 있는 모성묘(母呂墓) 青龍·白虎는 양쪽 허벅다리와 같게 하고 묘는 하복부(下腹部) 아랫부분에 설치하였다.(이하 그림, 村山智順, p.200)

황해도 장수산역(黃海道 長壽山驛)의 동쪽 모성묘(母呂墓)

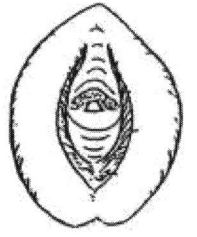

서울 부근의 모성묘(母呂墓)

충남 전의(全義) 부근에 있는 처녀형 묘(寶珠形)

충남 전의 부근에 있는 처녀형 묘(三角形)

남성의 상징인 백(魄, sperma)이 길혈(吉穴)을 찾아 들어가서 다산(多産), 다복(多福), 부귀영화를 대대로 누리게 된다는 매장사상이다.

체백득음(體魄得蔭)이면 유체수음(遺體受蔭)이라 했다.

땅을 파고 광(壙 : 시신이 들어 갈 자리)을 만드는 것을 천광(穿壙)이라고 한다. 천광을 할 때도 전문 지사(地師)를 불러서 시신이 묻힐 좌향(坐向)을 설정한다. 자오묘유(子午卯酉) 좌향은 벼슬로 출세하는 방향[貴脈節], 진술축미(辰戌丑未)는 부자가 되는 방향(富脈節), 인신사해(寅申巳亥)는 자손이 번성하는 방향[孫脈節]이라고 풀이한다. 합장할 경우 서쪽을 상(上)으로 삼고, 서쪽에 남자인 아버지(考位)를 모신다.

東山吐焰이면 西山起雲이오
동 산 토 염 서 산 기 운

穴吉而溫이면 富貴延綿이라
혈 길 이 온 부 귀 연 면

其或反是면 子孫孤貧이라.
기 혹 반 시 자 손 고 빈

【풀이】
　동쪽 산에 불꽃이 오르면 서쪽 산에 구름이 일어나고, 혈이 길하면 부귀가 계속해서 이어질 것이나, 혹 그렇지 못하면 자손은 외롭고 가난해질 것이다.

【자의(字義)】 ....
▶ 焰 불꽃 염/ 延 이을 연/ 綿 솜 면/ 貧 가난할 빈

【주해(注解)】

■ 동기감응론(同氣感應論) ; "동산서붕(銅産西崩) 영종동응(靈鐘東應)"
　《금낭경》에 "동산서붕(銅産西崩) 영종동응(靈鐘東應)"이라는 말이 나온다. 이는 "구리광산이 서쪽에서 붕괴하자 신령한 종이 동쪽에서 응하여 울렸다"는 뜻이다.

선조와 후손은 혼백(魂魄) 중에서 백(魄)을 연결 고리로 해서 끈끈하게 이어져 있다고 보는 것이 유교철학의 혼백(魂魄)사상에 근거한 풍수지리 사상이다.

전통적인 기독교의 영혼관은 사람이 죽으면 한번 떠나간 영혼은 이 세상과 연결되지 않는다고 본다. 따라서 기독교 사상에서는 이와 같은 풍수지리설의 '동기감응론'을 허용하지 않는다.

- '풍수지리설'의 '동기감응론'은 무엇인가?

동양철학의 세계관은 산이나 바람, 나무 등 삼라만상 모든 만물의 생성소멸을 기(氣)의 응취소산(凝聚消散)으로 설명한다. 이와 같은 원리로 볼 때, 자식은 부모의 부정모혈(父精母血)을 받아 태어나기 때문에 그 기는 동질을 지니고 있다고 본다. 주흥사 '천자문'에도 '동기연지(同氣連枝)'라는 말이 있다. 마치 나무의 뿌리와 줄기, 그리고 잎과 같은 관계를 부모 자손 사이에 지닌다고 설명한다.

전통 기독교 사상에서는 사람이 죽으면 육체와 영혼이 분류되는 것으로 보지만, 유교철학에서는 사람이 죽으면 혼백이 그 동일한 기로 형태만 바뀌어 이승과 저승에 있을 따름이지 영원히 분리 되는 것으로 보지 않는다. 따라서 풍수지리설의 '동기감응론'은 혼백이 사후에도 부조(父祖)와 자손 사이에 서로 감응하는 것이라는 설명이다. 그것은 마치 동쪽 산에 불꽃이 피어오르면 서쪽 산에 구름이 이는 이치와 같다는 것이다.

이에 대하여 《금낭경》은 이와 같은 예를 들고 있다. 중국 한(漢)나라 때, 미앙궁(未央宮)에 구리[銅]로 만든 큰 종이 하나 있었는데, 그 종은 서촉에 있는 동산(銅山)에서 캔낸 구리를 원료로 만든 종이었다. 어느 날 누가 건드리지도 않았는데, 그 종이 저절로 뎅그렁 뎅그렁 울렸다.

황제(黃帝)가 이상히 여겨 동방삭에게 그 사유를 물었다. 이에 동방삭은 '서촉에 있는 동산이 무너져서 그렇게 된 것입니다'라고 답했다. 과연 얼마 지나지 않아 서촉의 동산이 붕괴되었다는 소식이 들려 왔다. 그런데, 그 붕괴된 일시가 바로 그 구리종이 울린 때였다. 이를 신기하게 여긴 황제가 동방삭에게 그것을 어떻게 알았냐고 물으니, 동방삭이 대답하기를, '그 종은 바로 동산에서 캐온 재료로 만든 종이기 때문에, 동질의 기가 서로 감응한 것이었습니다'라고 설명했다.

방송국에서 발송한 전파가 안방에 있는 텔레비전에서 작용하듯이, 조상의 유골에서 발생하는 기가 후손에게 반응한다는 것이다.

1960년 방사성 탄소 연대측정법을 창안하여 노벨 화학상을 받은 '윌라드 리비(Willad Libby)' 교수도 죽은 사람의 경우 여러 가지 원소는 시간이 경과 할수록 그 영향력이 퇴화한다고 발표한 바 있다.

西山雲氣之融結者는
서 산 운 기 지 융 결 자

以東山烟焰之奔衝然也요
이 동 산 연 염 지 분 충 연 야

生人富貴之長久者는
생 인 부 귀 지 장 구 자

以亡魂穴吉蔭注然也인데
이 망 혼 혈 길 음 주 연 야

苟不得其地면 則子孫陵替하여
구 부 득 기 지　　즉 자 손 릉 체

必至於孤獨貧賤而後已니라.
필 지 어 고 독 빈 천 이 후 이

【풀이】
　서쪽 산에 구름 기운이 몰려드는 것은 동쪽 산에서 연기와 불꽃이 어지럽게 일어나기 때문이요, 살아 있는 사람으로 부귀가 장구한 것은 혼백이 있는 혈에 좋은 음덕이 주입된 때문인데, 만일 그러한 땅을 얻지 못한다면 자손은 점점 쇠퇴하여 후손은 반드시 고독하고 빈천하게 될 것이다.

【자의(字義)】 ....

▸ 奔 달아날 분, 분주할 분

▸ 衝 찌를 충, 돌파할 충, 충돌할 충

▸ 陵 업신여길 릉, 가파를 릉, 업신여길 릉, 무덤 릉

▸ 替 대신할 체, 시들 체, 바꿀 체

▸ 蔭 덮을 음, 그늘 음

▸ 注 물댈 주

▸ 苟 만약 구, 다만 구, 진실로 구.

【주해(注解)】

■ 陵替(능체) : 아랫사람이 윗사람의 권위가 떨어질 정도로 능가함. 점점 쇠퇴해 감.

童斷與石過獨逼側은
동 단 여 석 과 독 핍 측

能生新凶이요 能消已福이라.
능 생 신 흉   능 소 이 복

不生草木爲童이요
불 생 초 목 위 동

崩陷坑塹爲斷한대
붕 함 갱 참 위 단

童山則無衣요 斷山則無氣라.
동 산 즉 무 의   단 산 즉 무 기

石山則土不滋요 過山則勢不住요
석 산 즉 토 부 자   과 산 즉 세 부 주

獨則無雌雄이요 逼則無明堂이요
독 즉 무 자 웅   핍 즉 무 명 당

側則斜攲而不正이니
측 즉 사 의 이 부 정

郭璞引證戒此五者는 亦節文也라.
곽 박 인 증 계 차 오 자   역 절 문 야

【풀이】

　동산(童山), 단산(斷山)과 석산(石山), 과산(過山), 독산(獨山), 핍산(逼山), 측산(側山)은 능히 새로 흉한 일을 일으키고, 이미 있던 복도 능히 소멸시킨다.

　초목이 자라지 않는 곳이 '동산(童山)', 무너지고 움푹 꺼진 곳을 '단산(斷山)'이라고 한다.

　동산은 곧 옷을 벗은 산이요, 단산은 즉 기가 없는 곳이다.

　'석산(石山)'은 곧 땅이 비옥하지 못한 산이고, '과산(過山)'은 산세가 머물지 못하는 산이다.

　'독산(獨山)'은 자웅, 곧 음양이 없는 산이고, '핍산(逼山)'은 명당이 없는 산이다. '측산(側山)'은 기울어져 똑바르지 않은 산이다.

　곽박이 증인(證引)하기를, 이 다섯 가지 산을 경계한 것은 역시 적절한 일이었다.

【자의(字義)】 ....
▸ 崩 무너질 붕/ 陷 빠질 함/ 坑 묻을 갱/ 塹 구덩이 참
▸ 滋 맛 자, 번성할 자/ 雌 암컷 자/ 斜 비낄 사
▸ 猗 아름다울 의, 기울 의
▸ 節文(절문) : 예절의 규정. 일을 알맞게 갖춤.

【주해(注解)】

■ 묘(墓)를 쓸 수 없는 흉지

◆ 불가장지(不可葬地) 10곳

① 흉산
② 뾰족 뾰족한 봉우리
③ 음습한 곳
④ 고룡배산(孤龍背山)
⑤ 험하게 생긴 광산(狂山)
⑥ 달아나는 듯한 산, 주산(走山)
⑦ 독산(獨山)
⑧ 흙이 없는 산
⑨ 맥이 없는 평지
⑩ 과산(過山)

◆ 청오경의 오불상(五不祥) 흉지
① 산소 위의 초목이 말라 죽는 곳
② 산소가 무너져 내리는 곳
③ 요절, 청상과부, 음란한 집안이 생기는 경우
④ 미치거나, 괴질에 걸리거나, 불효자가 생기는 경우
⑤ 재패(財敗), 관패(官敗)를 당하는 경우

◆ 불법 매장
① 암장(暗葬) : 남의 땅에 몰래 매장하는 것.
② 투장(偸葬) : 이미 잡아 놓은 남의 산소 자리에 몰래 매장하는 것.
③ 평장(平葬) : 남의 땅에 암장하고 묻지 않은 것처럼 봉분을 만들지 않는 것.

④ 의분(擬墳) : 묘를 쓸 자리에 미리 허묘(虛墓)를 만들어 구총(舊塚)처럼 보이게 했다가 후에 매장하는 것.
⑤ 늑장(勒葬) : 남의 명당을 권세로 강탈하는 것.
⑥ 환골(換骨) : 유골 바꿔치기.
⑦ 혼골(混骨) : 남의 산소의 유골과 섞어 놓는 것.

◆ 풍수지리설의 윤리적 교훈
① 3대 적선(積善)을 해야 길지를 얻을 수 있다. 덕인(德人)이 봉길지(逢吉地)라.
② 길지를 얻는 것은 하늘의 소관 사항이다.
③ 지사(地師)는 자기 자리를 잡지 마라.
④ 나쁜 일을 많이 행한 사람은 명사(名師)를 동원해도 망지(亡地)를 얻게 된다.
⑤ 심술쟁이 상전은 망지를 갖게 되고, 충실한 하인은 길지를 얻는다.
⑥ 사특한 사람에게는 땅이 그 혈을 숨긴다.
⑦ 불효자는 망지를 얻게 된다.

貴氣相資는 本原不脫하고
귀 기 상 자   본 원 불 탈

前後區衛하며 有主有客이니라.
전 후 구 위   유 주 유 객

本原不脫은 以氣脈之相連接也요
본 원 불 탈   이 기 맥 지 상 연 접 야

有主有客者는
유 주 유 객 자

以區穴之前後有衛護也라.
이 구 혈 지 전 후 유 위 호 야

【풀이】

　귀한 기운이 서로 돕는 자리는 (산의) 본래 근원에서 이탈하지 않고, 앞뒤의 명당 구역을 옹위하며, 주산(主山)과 객산(客山)이 있다.
　본래 근원에서 이탈하지 않는 것이란 기맥이 서로 연접되어 있고, 주인과 객(客)이 각각 있다는 것이란 혈(穴)이 있는 곳의 앞뒤에 호위해 주는 사(砂)가 있다.

【자의(字義)】 ....
▶ 資 자질 자, 도울 자/ 區 구역 구, 나눌 구/ 衛 호위할 위

水行不流하고 外狹內濶하니
수 행 불 류　　외 협 내 활

大地平洋은 杳茫莫測이라.
대 지 평 양　　묘 망 막 측

沼沚池湖는 眞龍憩息이니
소 지 지 호　　진 룡 게 식

情當內求요 愼莫外覓이라.
정 당 내 구　　신 막 외 멱

形勢彎趨면 享用五福하리라.
형 세 만 추　　향 용 오 복

凡平洋大地는 無左右龍虎者요
범 평 양 대 지　　무 좌 우 용 호 자

但遇池湖면 便可遷穴이라.
단 우 지 호　　편 가 천 혈

以池湖爲明堂이니 則水行不流로
이 지 호 위 명 당　　즉 수 행 불 류

而生人享福也니라.
이 생 인 향 복 야

【풀이】

　물은 흐르지만[水行] 흩어짐이 없고[不流], (명당의) 외부는 좁으나 안은 넓기 때문에, 대지가 평평하게 넓은 곳은 그 아득함을 헤아리기 어렵다.

　늪, 물 가, 연못, 호수는 용[眞龍]이 쉬는 곳이니, 마땅히 그 안에서 구하고, 삼가 밖에서 찾지 말아야 한다. 그 형세가 활처럼 굽어져 있으면서[彎] 지나치지 않게 내밀고 있다면[趣] 오복을 누릴 것이다.

　대저, 평평하고 넓은 대지에는 좌우에 청룡 백호가 없으나, 단지 연못과 호수를 만나게 되면 가히 혈을 옮길 수 있다.

　연못과 호수로서 명당을 삼음이니, 물은 흐르면서도 흩어짐이 없게 되니 살아 있는 사람들은 복을 누리게 된다.

【자의(字義)】 ....

▶ 狹 좁을 협/ 濶 넓을 활
▶ 杳 아득할 묘, 고요할 묘/ 沼 늪 소
▶ 茫 망망할 망/ 測 측량할 측
▶ 憩 쉴 게/ 覓 찾을 멱, 구할 멱
▶ 沚 물가 지. 강이나 호수, 해변에서 물결이 밀려오는 물가
▶ 彎 굽을 만, 굽을 만, 활 끌어당길 만
▶ 趣 달아날 추, 빠를 촉/ 享 누릴 향/ 遷 옮길 천

勢止形昂하고 前澗後岡이면
세 지 형 앙　　전 간 후 강

位至侯王이요 形止勢縮하고
위 지 후 왕　　형 지 세 축

前案回曲이면 金穀壁玉이라.
전 안 회 곡　　금 곡 벽 옥

勢止는 龍之住也요 形昂은 氣之盛也라.
세 지　용 지 주 야　형 앙　기 지 성 야

前則遇水而止하고 後則支壟而連한데
전 즉 우 수 이 지　　후 즉 지 롱 이 연

如此之地는 可致貴也라.
여 차 지 지　가 치 귀 야

形止世縮은 氣象之局促也요
형 지 세 축　기 상 지 국 촉 야

前案回曲은 賓主之淺近也니
전 안 회 곡　빈 주 지 천 근 야

如此之地는 可致富也라. 貴未聞也로다.
여 차 지 지　가 치 부 야　귀 미 문 야

【풀이】

　(기의 내맥의) 세(勢)가 멈췄는데 그 형(形)은 우뚝하고, 앞에는 물이 흐르고 뒤에 산이 있으면 그 지위가 제후나 왕에 이를 것이요, 형(形)은 멈추고 세(勢)는 응축된 데다 앞에는 안산(案山)이 굽이굽이 돌아들면 재물과 곡식 보물을 얻으리라.

　기세(氣勢)가 멈췄다는 것은 용이 자리 잡고 머문다는 것이요, 형(形)이 우뚝하다는 것은 기가 왕성하다는 말이다.

　앞으로는 물을 만나 (용이 나아감이) 멈추고, 뒤로는 내맥의 곁가지들이 서로 연결하여 있는 이런 땅은 가히 귀(貴)하게 되는 땅이다.

　형(形)이 멈추고 기세가 응축되어 있다는 것은 그 기상이 줄어든다는 것이고, 앞으로 안산(案山)이 돌아든다는 것은 주인[主山]과 손님[案山, 朝山]이 너무 가까이 있다는 것인데, 이런 땅이라면 부자가 되는 것이 가하거니와, 귀(출세)하게 되었다는 말은 듣지 못하였다.

【자의(字義)】……………

▸ 勢 기세 세, 불알 세/ 昻 들 앙, 높을 앙, 밝을 앙/ 澗 산골 물 간
▸ 岡 뫼 강/ 侯 제후 후/ 縮 오그라들 축/ 壟 밭두둑 롱, 언덕 롱
▸ 淺 얕을 천/ 賓 손 빈, 복종할 빈, 배척할 빈

【주해(注解)】

■ 局促(국촉) : 마음이 너그럽지 못하고 옹졸한 모양. 도량이 좁은 것. 도량이 줄어듦.

山隨水著하고 迢迢來路하니
산 수 수 저　　초 초 래 로

挹而注之면 穴須回顧니라.
읍 이 주 지　　혈 수 회 고

此山谷은 回龍高祖之地也라.
차 산 곡　　회 룡 고 조 지 지 야

【풀이】
　산이 따르고 물이 가까이 있는 곳에서, 멀리서 오는 내맥이 잡아당기듯 모이면 혈은 반드시 고개를 돌려 온 곳을 되돌아보게 된다.
　이런 곳을 회룡고조(回龍高祖) 형국의 땅이라고 한다.

【자의(字義)】……………………
▸ 隨 따를 수, 함께 할 수
▸ 迢 높을 초, 멀 초
▸ 著 나타날 저, 다다를 착, 붙을 착
▸ 注 물댈 주, 모일 주
▸ 挹 잡아당길 읍, 퍼낼 읍, 누를 읍

【주해(注解)】

■ 영릉(英陵) ; 회룡고조(回龍高祖) 형국의 땅

경기도 여주에 있는 세종대왕릉인 영릉(英陵)은 전형적인 회룡고조형(回龍顧祖形)으로 꼽힌다. 풍수계의 풍설로는 세종대왕의 능을 여주 땅 이곳에 잡음으로 인해서 조선왕조의 수명이 4백년 더 지속되었다고 전해 온다.

이곳은 풍수의 형국으로 모란반개[牡丹半開]형, 쌍봉상락형(雙鳳相樂形), 비봉포란형(飛鳳抱卵形)의 군신조회격(君臣朝會格) 등으로 판별한다. 좌향은 자좌오향(子坐午向)이다.

이곳의 내맥은 속리산에서 뻗어 오른 지맥이 북성산(275m, 일명 꾀꼬리봉, 主山)을 이루고, 그 맥이 계속 행진하여 남한강의 삼각바위(입암)에서 C자형으로 구부러지면서 칭성산(稱城山)의 회룡고조형국을 이루고 있다.

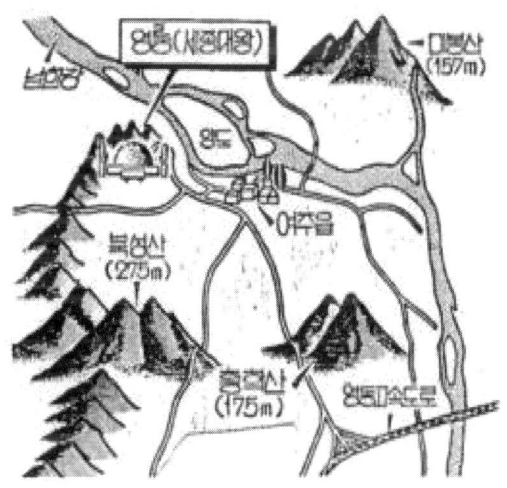

〈영릉 개념도〉

天光下臨하고 百川同歸하니
천광하림　　백천동귀

眞龍所泊이라 孰卞玄微리오.
진룡소박　　숙변현미

此는 近江에 迎接潮水之地也라.
차 근강영　접조수지지야

鷄鳴犬吠 鬧市烟村이
계명견폐　료시연촌

隆隆隱隱하니 孰探其原이리오
륭륭은은　　숙탐기원

此鄕井은 平洋氣脈之地也라.
차향정　　평양기맥지지야

若乃
약 내

斷而復續하고 去而復留하며
단이부속　　거이부류

奇形異相은 千金難求니라.
기형이상　　천금난구

【풀이】

   천광(天光)이 내려 비취고 모든 개천이 모여 드는 곳이 진룡(眞龍)이 머무는 곳이다. 누가 그 현묘함을 분별할 수 있으랴! 이것은 강 하구 근처에 바닷물을 맞이하는 땅이다.

   닭 울고 개 짖어대는 번잡한 시가지 연기 나는 마을에서 융성하게 그리고 은은히 다가오는 산의 맥세(脈勢) 그 본원처를 누가 알 수 있으리오. 이것은 마을에서 평평하고 넓은 땅을 말함이다.

   그리고, 끊어진 듯 하다가 다시 이어지고, 가는 듯 하다가 다시 머무는 기이한 형국은 천금을 주고도 얻기 어렵다.

【자의(字義)】......................

- 鬧 시끄러울 료/ 隆 융성할 륭/ 隱 숨을 은, 불쌍히 여길 은
- 泊 배 머무를 박, 쉴 박/ 孰 누구 숙/ 卞 법 변/ 斷 끊을 단
- 復 거듭 복, 다시 부/ 續 이을 속/ 切 끊을 절, 새길 절/ 莫 말 막
- 乖 어그러질 괴, 간교할 교/ 繆 얽을 무, 어그러질 류
- 戾 어그러질 려, 헤이질 려, 간교할 려/ 毫 터럭 호
- 乖戾(괴려) : 사리에 어그러짐
- 釐 다스릴 리. 단위의 한 가지. 1의 100분의 1.

【주해(注解)】

■ 장어이탄자(葬於夷坦者)는 의심(宜深)이니라.
   "평지룡에 매장할 때는 반드시 깊이 묻으라."

向定陰陽에 切莫乖戾하라.
향 정 음 양　　절 막 괴 려

差以毫釐면 繆以千里니라.
차 이 호 리　　무 이 천 리

【풀이】

　좌향(坐向)에서 음양을 정할 때에 결코 사리에 어긋나지 않게 하라.
　터럭 같은 차이도 그 어그러짐은 천리가 되느니라.

【주해(注解)】

■ 용(龍) 공부 3년, 혈(穴) 공부 10년

　천리를 뻗어 온 능선이라도 정작 혈을 바로 찾아 정하지 못하면 아무 소용이 없다. 택지가 어려운 것이 아니고, 혈 찾는 일이 어려운 일로 친다.(擇地非難 擇穴難)

　그래서 풍수학인에게는 '용(龍) 공부 3년, 혈 공부 10년'를 정진해야 한다는 교훈이 있다.

　풍수학계에서는 천리행룡(千里行龍)에 관한 관찰보다 8척 혈의 융결을 더 중히 여겨 관찰하였다(莫論千里之來龍 但看到頭融結).

패철 사용법

　패철은 나경(羅經)이라고도 하는데, 우리말로는 '쇳대' 또는 '뜬쇠'라고 부른다. 패철은 기(氣)의 변화를 측정하는 도구다. 기원전 2세기에 쓴 중국의 《회남자(淮南子)》라는 책에 "자석이 쇠를 끌어당기는 것은 해바라기가 해를 따르는 것이나 마찬가지다"라고 자석(磁石)에 대하여 적있다.

　동양에서 자석이 방향을 찾는 장치, 즉 나침반처럼 쓰인 것은 거의 2천 년 전의 일이었다. 우리나라 평양에 있는 낙랑의 고분에서도 "식점천지반"이라는 것이 나왔다. 약 2천 년 전에 쓰인 예이다.

　우리나라 문헌상의 기록으로 자석이야기가 처음 나오는 것은 《삼국사기》의 기록이다. 신라가 고구려를 멸망시킨 바로 뒤인 669년(문무왕 9년) 1월, 당나라 황제의 명령을 받은 법안이 자석을 얻어가려고 신라에 왔다. 신라에서는 그 해 5월 당나라에 사신을 보낼 때, 자석 2상자를 보냈다는 기록이 삼국사기에 실려 있다.

　처음에는 지지(地支) 12위만을 표시하여 12방위만 측정하다가, 점차 복잡하게 전개되어 5층반(盤), 7층반, 9층반, 29층반, 33층반까지 표시한 것도 생기고, 방위도 12방위에서 24방위 72천산(穿山) 60투지(透地) 120분금까지 세분화된 것도 있다.

14세기 한국에서는 나침반이 '윤도(輪圖)'로 발달되고 있었다. 윤도는 낙랑의 고적지에서 발굴된 "식점천지반"이 더욱 발달된 것인데, 지금도 여러 박물관에 제법 많이 남아있다.

임진왜란 직후 선조 33년(1600년) 6월, 조선에서는 왕비 박씨가 죽었다. 그래서 어느 곳에 왕비의 능을 만들어야 할지 법석거리고 있을 때, 그 때 중국인이 나경을 들고 나타났다. "그게 무어냐?" 물으니, 그 중국인이 대답하기를 "조선의 윤도 같은 것입니다."라는 기록이 있다.

풍수에는 산천(山川)의 기세를 중시하는 부류(형세론)가 있고, 다른 한편 형세는 차치하고 패철사용을 제일로 치는 부류(좌향론)가 있다. 좌향론 사용에는 상당 부분 미신적 술수(術數)에 빠지기 쉽다.

《청오경》에는 좌향에 대한 언급이 거의 없는데, 《금낭경》에 이르러서는 약간의 언급이 나타나고 있으며, '호순신'에 이르면 본격적인 방위술이 전개된다.

패철의 사용은 24방위로 나누어 한곳 한곳에 모두 역술적 의미를 부여하여 그것과 산천의 관계를 설명하는 술법이다.

◆ 하늘의 기(氣, 天干) : 갑, 을, 병, 정(무,기)경, 신, 임, 계.
◆ 땅의 기(氣, 地支) : 자, 축, 인, 묘, 진, 사, 오, 미, 신, 유, 술, 해.
◆ '하늘의 기'와 '땅의 기'를 합쳐서 그중에서 영적인 것에 해당되는 무(戊)와 기(己)를 빼고 거기에 건(乾), 곤(坤), 간(艮), 손(巽)을 넣어서 24방위를 만들어 방위를 정했다.

풍수가들의 패철 관찰 요령을 살펴보자.

1. 우선 제4선을 관측한다.

제일 먼저 제4선을 살펴서 좌향(坐向)을 정한다.
① 좌향을 정할 때는 산의 능선의 흐름(용맥)을 잘 살펴서 그 기세를 따라야 하는 것이지, 억지로 방위만 틀어 맞추려 해서는 안 된다.
② 시신의 머리 부분이 좌(坐)가되고 다리부분이 향(向)이 된다.
③ 측정거리는 5보~30보(3m~15m)정도를 패철로 측정한다.
④ 기존의 묘에서의 측정은 상석(床石)이 있을 때는 상석 중심에 패철을 고정시키고 관찰하고 산 아래쪽에서 위쪽을 바라보며 측정한다.
⑤ 새로 혈을 정할 때는 당판 중심점에 고정하고 측정한다. 우선은 입수절의 중심에서 전순의 중심점으로 실[線]을 띄우고 패철을 고정시킨 다음 패철 제4선을 본다. 그러면 24방위 중 '무슨 자(字)' '무슨 자(字)'(예를 들면, 자子 자字, 오午 사巳 등)에 그 실이 통과하는 것을 볼 수 있다.
그 다음에 산의 능선의 흐름과 입수절의 좌선, 우선을 관찰하여 좌향을 정한다(後에 상술). 즉, 임입수(壬入首) 자좌오향(子坐午向)인지, 자입수(子入首) 임좌병향(壬坐丙向)인지를 설정한 후 그 좌향이 배합[吉]인지, 불배합[不吉]인지를 판정한다.
⑥ 좌향 정하는 법
패철 제 4선을 보고 좌향이 나타났을 경우, 입수절이 혈로 들어오는 방향을 살핀 후 다음과 같이 정한다. 즉, 입수절이 좌선(左旋)이냐, 또는 우선(右旋)이냐를 살핀다.

◆ (공식) 입수절이 우선(右旋)이면 지지좌향(地支坐向)하고, 입수절이 좌선(左旋)이면 천간좌향(天干坐向)한다.

다시 쉽게 설명하면, 우선(右旋)한 경우(오른 팔이 굽은듯한 모양) 이런 경우는 임입수(壬入首) 자좌오향(子坐午向)이라 하고, 좌선(左旋)한 경우(왼 팔이 굽은 듯한 모양) 이런 경우는 자입수(子入首) 임좌병향(壬坐丙向)이라고 한다.

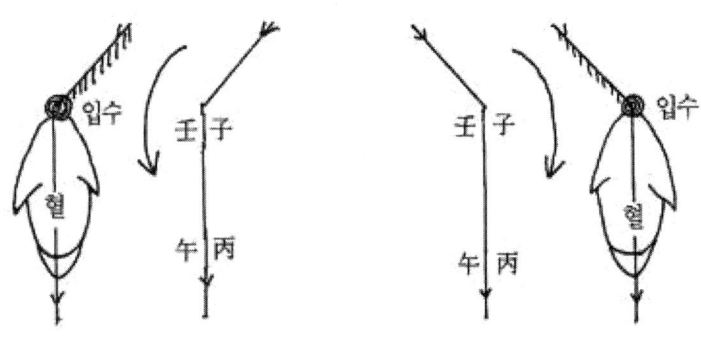

⑦ 좌향이 정해지고 나면 이 절이 배합이 잘되어 있는 절인가, 불배합인가를 살핀다.

배합절은 길(吉)이고 불배합은 불길(不吉)로 여긴다.

그러면, 배합, 불배합은 어떻게 판정하나?

24방위 중에서는 천기(天氣)에 속한 것과 지기(地氣)에 속한 것 24개를 배치해서 설정했다고 이미 설명한 바 있다.

즉, 갑, 을, 병, 정, ……… (하늘의 수)
　　자, 축, 인, 묘, ……… (땅의 수)

이 경우 땅의 수 자(字)가 먼저 나오면 불배합이고, 하늘의 수가 먼저 나오면 배합이다.

즉, 「갑묘」인 경우는 배합(吉)
　　「묘을」인 경우는 불배합(不吉)
　　「임자」인 경우는 배합(吉)
　　「자계」인 경우에는 불배합(不吉)

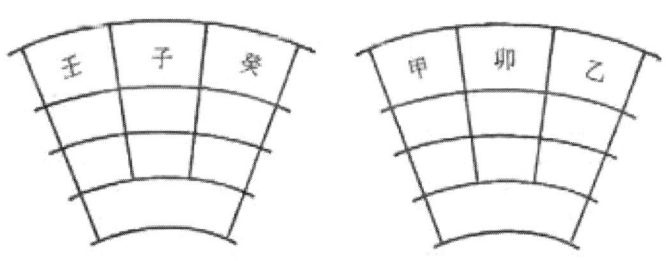

이와 같이 좌향을 정했을 경우, 어떤 좌향은 귀하게 되고 부자도 되는 것이 있는가 하면, 어떤 좌향은 망하게 된다고 본다.
　그러면 구체적으로 설명해 보기로 하자.

◆ 배합절
① 귀한 인물이 나오는 좌향 : 자, 오, 묘, 유(壬子, 甲卯, 丙午, 庚酉)

② 부자가 나오는 좌향 : 진, 술, 축, 미(癸丑, 乙辰, 丁未, 辛戌)
③ 자손이 번성하는 좌향 : 인, 신, 사, 해(艮寅, 巽巳, 坤申, 乾亥).

◆ 불배합절
① 인패(人敗) 하는 좌향 : 亥壬, 寅甲, 巳丙, 申庚.
② 재패(財敗) 하는 좌향 : 子癸, 卯乙, 午丁, 酉申
③ 병폐(病敗) 하는 좌향 : 丑艮, 辰巽, 未坤, 戌乾

 이상은 간지법(干支法)으로 풍수에 적용하여 그 공간적 적용을 한 술법의 예이다.
 한편, 사람이 죽으면 무덤에 묻을 그 망자(亡者)의 사주팔자(年, 月, 日, 時)에 맞춰 시간을 정해서 길(吉)하다는 시간에 장사를 지내기도 하고, 망자의 생년과 좌향에 따라 길흉을 판단하기도 한다.

◆ 사자(死者)의 생년과 좌향이 맞지 않아서 망하게 되는 것(滅門坐).

- 쥐띠(子生) : 乾, 巽, 未, 亥 좌(坐)
- 소띠(丑生) : 壬, 丙, 子, 午 좌
- 토끼띠(卯生) : 甲, 庚, 酉, 卯 좌
- 양띠(未生) : 丁, 癸, 丑, 未 좌
- 개띠(戌生) : 艮, 坤, 寅, 申 좌
- 돼지띠(亥生) : 乙, 辛, 辰, 戌 좌
- 壬癸戊己辰丑未 생 : 丑艮巽巳 좌

- 庚申巳辛酉 생 : 艮寅戌亥 좌
- 丙丁巳午 생 : 乾坤亥未 좌
- 甲寅乙卯 생 : 坤申巽 좌

이 좌향술은 제각기 나름대로 비술(祕術)이라 하여 그 설이 각양각색이다. 지나치게 비술에 빠지면 난해한 술수에 얽매여 산천을 바로 볼 수 있는 눈을 흐리게 한다.

2. 실제적인 측정요령

① 능선의 맥절은 1매듭을 30년으로 계산하여 판정한다.
 2맥질은 60년, 3맥절은 90년 이런 식으로 계수한다.
 구절이 하나 있으면 군수급, 두 개 있으면 도지사급, 3개 있으면 판서급, 4개 있으면 임금이 난다고 한다.
 동구릉에는 이런 귀(貴) 구절이 있는 것으로 판단한다.
 자손이 번성하는 배합절이 하나 있으면 자손이 1~2명, 두 개면 3~4명, 세 개면 7~8명, 네 개면 무수히 생긴다고 판정한다.
 불배합일경우는 이와 반대로 흉한일이 일어난다고 판정하는 것이다.

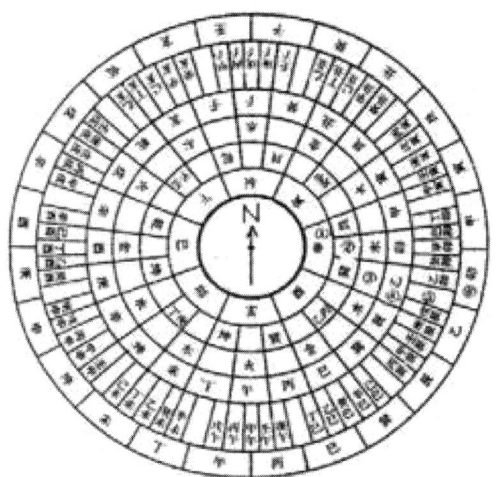

제1선 : 지하수 측정(황천수)
제2선 : 팔요풍 측정, 규봉측정
제3선 : 오행(五行)과 하도수(河圖數) 측정
제4선 : 24방위의 길흉(吉凶)을 측정

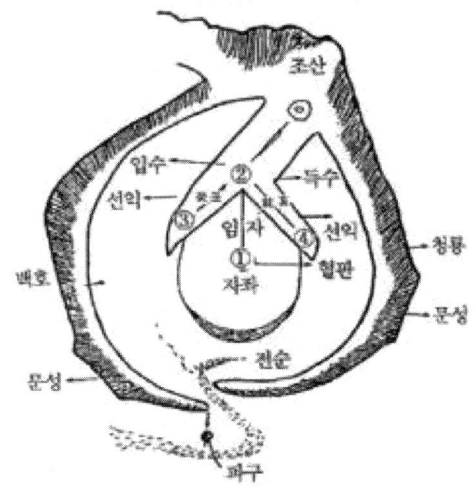

제5선 : 재혈(裁血) 및 좌우선 측정, 분금법
제6선 : 원거리 측정, 좌향 결정에 필요

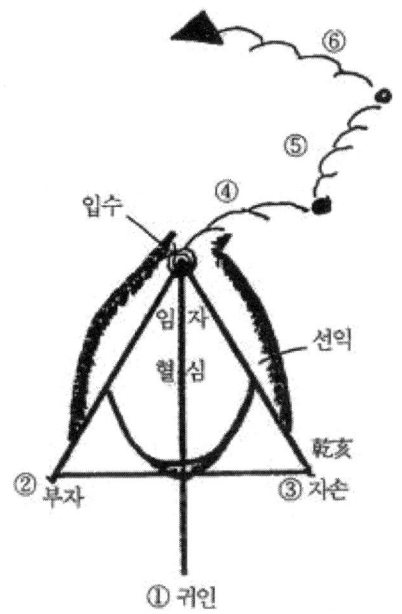

3. 제1선 측정법

제1선에서 황천수(黃泉水)를 측정한다.

황천수란 무덤속이나 무덤 밑으로 수맥이 흐르거나, 빗물이 스며드는 것을 말한다.

지하 수맥은 무덤에 수렴을 들게 하여 시체가 물에 퉁퉁 붓게 되어 풍수에서는 제일로 꺼리는 곳이다. 아무리 좋은 땅 같아도 수맥이 흐르는 곳에는 집을 짓거나 무덤쓰기를 기피한다.

예를 들면, 아래 그림에서 4선의 좌향이 임좌(壬坐)나 자좌(子坐)나 계좌(癸坐)인 경우, 제1선을 살펴보면 진(辰)字 가 있다.

즉 이것은 진(辰) 방향에 황천수가 있으니 잘 살펴보라는 표시다.

이 경우 패철이 가리키는 진(辰) 방향을 유심히 살펴서 그 쪽이 일그러졌거나 골짜기가 파였거나 하면 십중팔구 수맥이 그곳에 흐른다고 본다.

대체로, 5보~10보(3~5m)정도를 살핀다.

수맥관찰법은 뒤에서 상술하기로 한다.

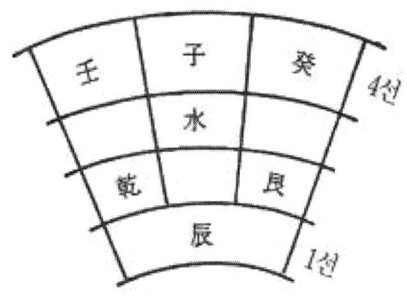

4. 제2선 측정법

패철 제2선에서는 산소를 해치는 나쁜 바람이 들어오지는 않는가 하는 점을 살핀다. 8요풍(曜風) 살(殺)이라고 한다.

아래 그림에서처럼 임좌나, 자좌나, 계좌인 경우 제 2선을 보면 건(乾)과 간(艮)이 나오는데, '건 방향'과 '간 방향'에서 나쁜 바람이 불어오는지를 잘 살펴보는 관찰법이다. 그 쪽 지형을 보아서 지세가 허약해 보이면 8요풍살이 들어온다고 보는 것이다.

8요풍을 맞으면 시신에는 화렴이 들고, 자손 중에는 벙어리가 생기기 쉽다고 한다.

삼곡(三谷)에서 바람이 불어 닥치면(三谷風) 벙어리가 생기고, 협곡 음풍(陰風)이 불면 재산이 파산되고 시신은 까맣게 된다.

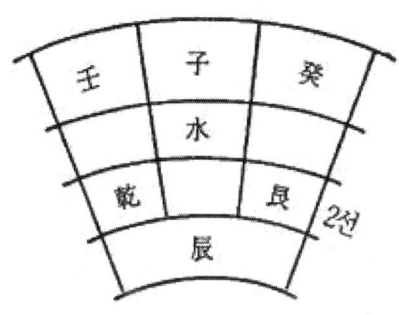

5. 제 3선 측정법

이 3선을 이해하려면 우선 다음과 같은 역술의 공식을 알아두어야 한다.

서선계도 "용의 절수(節數)와 연대(年代)와 사(砂)의 격(格)과 물의 방위에서 그 원인을 밝히면 어느 대(代)에 어떤 인물이라는 것을 예단할 수 있다" 고 했다.

목(木) : 갑,을 3·8 목
화(火) : 병,정 2·7 화
토(土) : 무,기 5·10 토
금(金) : 경,신 4·9 금
수(水) : 임,계 1·6 수

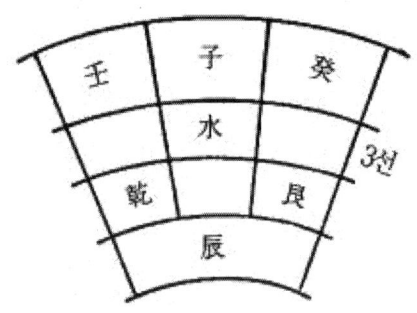

위의 패철그림을 보면 제3선에 "수(水)"가 나와 있다. 위의 공식을 보면 수는 「임계(壬癸) 1·6 수」라고 되어있다. 고로 임좌(壬坐)나, 자좌(子坐)나, 계좌(癸坐)에 산소가 자리 잡은 경우는 1,6에 관계된 어떤 일이 있을 것이라고 예단을 하는 것이다.

즉 자좌는 귀하게 되는 절이라고 했으니, 1과 6에 관계된 때에 귀한 관직에 오르게 될 것이라는 것이다.

즉 1,6이니 1×10=10. 10년 후에 관직에 오른다든지 16개월, 1년 6개월 후에 승진을 한다든지, 16년 후에 급제를 한다든지 하는 식으로 예언한다. 반대일 경우는 그런 숫자에 관직에서 구설수에 올라 망하게 된다고 본다.

그러면 16개월인지 16년인지 1달6개월 인지 …… 하는 판정은 어떻게 해서 내리게 되는가?

그것은 그곳의 지세, 용의 기운, 산천의 형세를 보고 지기를 감지하여 금시발복인지, 오래 걸리는지 등등을 판정하는 것이다.

오행	生數	成數	
水	1	6	1년6개월, 10년, 16년…, 1억6천만원 16억 등등 …
火	2	7	2년7개월, 27년, 2개월7일, 27억 등등…
木	3	8	38개월, 30년, 8년…, 38억, 380억 등등…
金	4	9	49개월, 4년9개월, 9년, 49억 등등…
土	6	10	50일, 50년, 51년, 5천만원 등등…

진좌(辰坐)인 경우는 부자 되는 좌향이니 '1,6 水'다. 고로 10억, 16억, 100억, 160억등으로 부자가 된다 또는 망한다고 예단하며,

그러면 언제 그렇게 되느냐? 1년 6개월, 16년 등으로 운운히고,

그러면 무엇 때문에 그렇게 되느냐? "水"이니 물을 가지고 발복할 것이다.

그러면 누가 그렇게 되느냐? 진(辰)은 용띠니 용띠 생, 을진생(乙辰生), 병진생(丙辰生) 등으로 말하고,

몇째 자식이 그렇게 될 것이냐? 청룡 백호의 형국, 당판의 형세 등을 살펴서 큰 아들이다 셋째아들이다. 운운하는 것이다.

여기에 이브년 풍수는 디락하게 되고 점술화 되어서 사특한 풍수사는 혹세무민하게 될 일이니 함부로 사용하지 말고 삼가 조심해야 될 일이다.

제 3선은 5행의 수를 이용하여 단험(斷險, 길흉화복을 예단하는 방술)하는데 사용한다.

6. 제 5선 측정법

제5선은 재혈(裁穴) 할 때 사용하는 선이고, 제6선은 천문(天文)에 관한 것인데 요즘에는 제6선 이상은 별로 사용하지 않는다.

하관할 때 혈을 정확히 측정해서 시신을 똑바로 묻어서 음기와 양기가 합선되도록 하는 것을 분금(分金)법, 재혈(裁穴)법이라고 한다.

추호라도 잘못 쓰면 혈을 찾고도 망지(亡地)가 된다하여 풍수가들이 신경을 많이 쓰는 부분이다. 그러나 혈안에 들었으면 방향은 별 상관없다.

고서(古書)에 "용을 찾기는 쉬우나 혈을 헤아리기가 어렵고", "산천의 형성은 하늘에 달려 있지만, 산천을 재성(裁成)하는 일은 사람에게 달려있다"고 하여 재혈의 어려움을 말했다.

- 재혈의 방법
① 입수 중심점과 전순의 중심점에 세로로 줄을 띄우고
② 양쪽 선익의 끝부분에다 가로로 실을 띄워서
③ 가로와 세로가 교차되는 지점에 관의 하단이 닿도록 한다.
④ 그리고 입수의 정기가 발생하는 쪽으로 관의 상단이 닿도록 한다.
⑤ 그리고 입수혈의 좌선, 우선에 따라 관의 위치를 뒷면의 그림과 같이 설치한다.

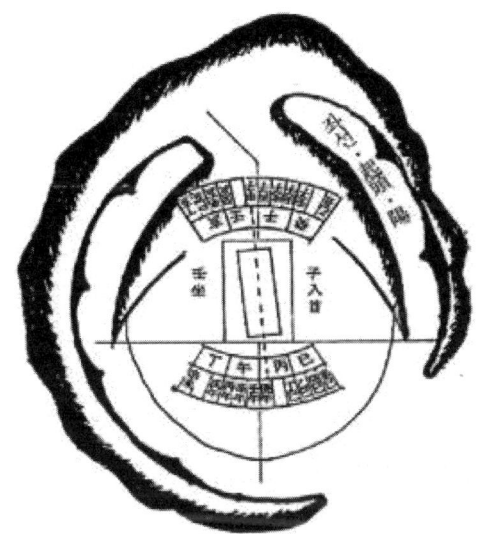

좌선분금법(左旋分金法)

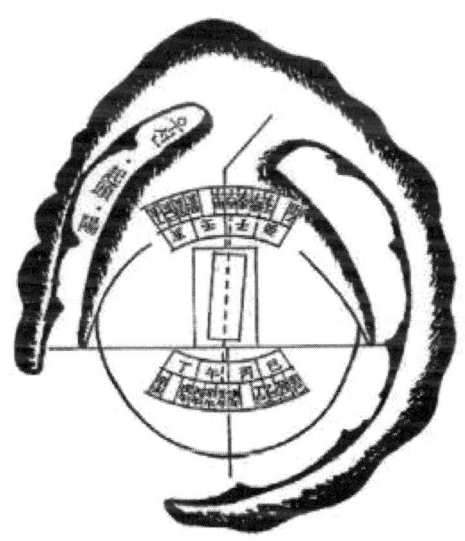

우선분금법(右旋分金法)

지하수맥 탐측법

수맥은 무덤에는 물론, 산천초목과 인간의 주거에도 막대한 영향을 끼친다. 특히 산소에 물이 드는 것은 풍수에서 금기중의 금기로 친다.

이제 수맥에 대해 알아보자.

지하수는 얕은 곳에서 지하 3천m 깊이에 까지 지표수가 스며드는데 20일정도의 기간이 걸린다.

1. 수맥의 영향

 1) 지하수맥이 방바닥 밑으로 지나가면,
  ㄱ) 방바닥이 터져 갈라지고 장판이 갈라지고 집의 벽이 갈라지고 담이 갈라진다.
  ㄴ) 수맥을 타는 사람은 시름시름 병에 걸린다. 신체부 자유자를 진찰해본결과 그중 90%가 수맥을 타는 체질이었다고 한다.
   수맥이 인체에 미치는 영향은 마치 공중에 떠도는 수 없는 공중파를 수신기로 받아 텔레비전이나 라디오 인터넷에서 사용할 수 있는 것과 같이, 땅 속의 수맥이 영향하는 기(氣)도 다우징 또는 패철 등에 나타나고, 빵듈의 움직임으로 판결하는 것으로 본다.
일반적으로 수맥을 안타는 사람도 있지만 수맥을 타는 사람은 30%정도가 되며 수맥을 타는 사람이 수맥이 지나가는 자리에 누워 자게 되면, 대부분 중풍, 불면증, 구토, 두통, 신경성불쾌감, 신경통, 정신박약, 정서의 불안증세 등을 일으킨다.
이 수맥의 영향은 아파트 20층 높이에서도 역시 탐측되는 것으로 본다.

2) 지하수맥이 축사 밑으로 지나가면, 가축이 병들거나 갑자기 떼죽음을 하기도 하며(가축도 물론 수맥을 타는 체질과 그렇지 않는 것도 있다고 한다), 정밀한 기계 밑으로 수맥이 지나가면 기계의 고장이 잦다고 한다.

3) 수맥이 산소 밑으로 지나가면, 무덤이 꺼지거나 내려앉아서 봉분이 점점 작아지고, 무덤의 잔디가 살지 못하며, 관속의 유골이 까맣게 되던지, 시신에 물이 들기도 하고, 무덤이 폐총이 되어 버리기도 하며, 자손들도 병들거나 멸절하게 되고 산사태가 일어나기도 한다.

2. 수맥 찾는 법

지하수맥은 보통 평지에서는 9-12m 정도 깊이에 있고, 산의 경우는 15m정도에서 흐른다. 그 폭은 아주 작은 것에서부터 보통 1m내외다. 지하수의 온도는 보통 12-14℃ 정도며, 그 물이 먹을 수 있는 물인가 아닌가를 즉흥적으로 감별할 때는 침을 뱉어서 침이 엉기며 먹지 못할 물이고 침이 흩어지면 일단 먹어도 괜찮다고 본다. 지하수 찾기는 가뭄 때나 늦가을, 겨울이 적당하다.

1) 기계탐사법

전기저항 측정법, 지진계에 의한 방법, 중력측정법, 자력탐사법, 인공위성이용법, 온도탐사법 등이 있다. 이 방법의 이용은 비용이 많이 들거나, 전문적인 기술이 필요하기 때문에 일반인이 손쉽게 이용하기에는 쉽지 않다.

2) 빵둘(Pendule, 錘) 사용법

동전만한 추 하나를 가지고 물의 양, 깊이, 물의 방향, 폭 등을 측정할 수 있다. 수맥이 자주 있는 곳은 수량이 많지 않고 수맥이 드문드문 있으면 수량이 많다. 1일 30톤 이상이면 음료수를 파내도 괜찮다. 원리만 터득하면 누구라도 해 볼 수 있다. 그러나 1993년 환경처 발표에 의하면 한국의 지하수 774곳 중 132곳 즉 17%에서 청색증의 원인이 되는 질산성 질소, 암을 유발하는 트리콜로 에틸렌이 검출된다고 발표하였다. 또 이 빵둘을 이용하여 무덤속의 시신이 남자인지 여자인지도 분별할 수가 있고, 몸속에 있는 고질병도 잡아내는 판단을 하고 있다.

그리고 술법에서는 무덤의 떼 뿌리를 뽑아 살펴서 그 뿌리가 연하면 젊은이가 묻힌 무덤이고 억세면 늙은이의 무덤으로 분별하는 술법도 있다. 그리고 봉분을 뒤에서 봐서 왼쪽이 높으면 남자 무덤이고 오른쪽이 높으면 여자 무덤이라고 판별하기도 한다.

3) 바겟(Baguette) 사용법

포플러, 플라타너스, 아카시아 등의 나무 막대기(길이 30~40cm, 굵기 2~8mm)를 가지고 측정하는 법, 조금만 세심히 노력하면 일반인도 누구나 감지할 수 있다.

4) 다우징(Dowsing Rod)사용법

길이가 25cm정도의 구리로 된 막대기를 들고 수맥이 지나간 땅위를 걸어가면 지하 수맥을 탐지할 수 있다.

특히 물이 흐르는 방향을 탐지하는 데는 손쉬운 방법이다. 원리만 터득하면 누구나 손쉽게 할 수 있다. 철사를 사용해도 탐측이 된다.

우리나라의 다우징 사용의 역사는 기독교의 전래와 함께 시작되었다. 1836년 프랑스 모방(Mauban) 신부가 선교사로 입국하여 다우징 사용법을 은밀히 보급하였다. 그 후 에밀리오 신부가 군부대 등을 방문하여 수맥 자리를 잡아 주었고, 그 사용법을 이종창 신부와 임응승 신부가 이어 받았다. 임응승 신부는 가뭄 때 우리나라 처처에 수 백군데 우물 자리를 잡아 주었고, 소록도에서도 우물 자리를 잡아 주었으며, 우리나라 온천의 대부분이 그가 잡아 준 자리로 알려져 있다. 필자도 그에게서 수맥 탐측법을 공부한 바 있다.

5) 패철의 제1선을 가지고 역술로 추정하는 법(旣述)

또 다른 패철사용법으로는 패철 두 개를 각각 양손에 하나씩 들고 걸어가면 수맥이 있는 곳에서는 패철 나침반에 반응이 나타난다.

6) 생물 관찰을 통한 탐측법

① 고양이는 습기를 싫어한다. 고양이가 살지 않으려고 피해서 달아나는 곳은 수맥이 흐르는 수가 많다.

② 개미집 6자 밑에는 지하수가 있다(淮南者 兵略訓). 개미는 물이 있

어야 집을 지을 수 있는데 물이 지표면에 있으면 물이 개미집으로 흘러 들어가 개미굴을 망치게 된다. 그래서 개미는 지하수맥이 흐르는 위에 집을 짓는다고 한다.

7) 육안(肉眼) 식별법

수맥이 지나간 곳은 육안으로 식별할 수 있을 만큼 지표상에 나타나고 있다.

① 벽이 아래위로 갈라지고 방바닥이나 슬라브가 갈라져있다. 이런 곳은 수맥이 지나간 확률이 90%이다.
② 논두렁의 논둑이 푹 꺼져 있거나 사태가 나있다. 논둑이 꺼진 밑을 파거나 그런 곳에 묻으면 생수가 솟는 확률이 90%다.
③ 겨울철에 산소자리를 볼 때, 다른 곳은 눈이 덮여 있는데 어느 한 곳이 유달리 눈이 녹아 땅이 드러나 있는 곳은 지하수맥이 지나간 자리다.
④ 무덤이 푹 꺼져 내려앉은 곳.
⑤ 잔디가 잘 살지 못하는 곳이나, 잡초가 많이 나 있는 곳.
⑥ 개구리풀, 방동산이, 황새냉이, 하고초, 관중 같은 물풀이 많이 나 있는 곳.
⑦ 땅이 꺼져있는 곳.
⑧ 비석의 색깔이 유달리 변한 곳.
⑨ 유달리 초목이 잘 자라지 않는 곳.
⑩ 또는 무덤주변이 유달리 나무가 무성한 곳.
⑪ 능선의 맥에는 수맥이 없다.
⑫ 물이 닿아서 검게 썩은 흙이 있는 곳은 습기가 찬 땅이다.

⑬ 두 산등성이가 하나로 모인 곳이나 두 골짜기가 모인 곳.
⑭ 지세가 낮은 곳.
⑮ 나무의 가지가 많이 기운 곳.
⑯ 풀이나 나뭇잎이 유난히 윤택한 곳.

그렇지만 이러한 식별법의 성공률은 그다지 높지 않다.
한편 수맥의 기운을 주거지에서 차단하는 방법이 있다. 그것은 구리 판이나 은박지를 사용하면 수맥의 기운을 일시적으로 차단할 수 있다.
그밖에도 수맥을 탐측할 때 손의 기를 이용하거나 도력(道力)을 동원하여 감각으로 감지하는 경우도 있다. 그 능력이 발달되면 시간과 공간을 초월하여, 미국의 어느 지점이든, 브라질의 어떤 지점이든 지도 한 장만 가지고도 그 곳의 수맥의 흐름과 깊이와 물의 양까지도 서울에 앉아서 탐측가능하다.

3. 성경의 족장들과 모세의 수맥 탐측

1) 모세가 '마라'에서 나뭇가지로 수맥을 탐측했다
   - 바겟(Baguette) 사용법 -
   출애굽을 단행하여 홍해를 건넌 이스라엘 백성들은 수르 광야에 들어섰다. 사흘 길을 걸어갔지만 마실 물을 찾지 못하고 진행하다가 '마라'에 이르렀다. 사막 한가운데서 백성들은 "물을 달라!"고 모세를 향해 아우성쳤다. 황급히 샘을 겨우 하나 찾았는데, 막상 마시려고 보니 '쓴 물'이어서 도저히 먹을 수가 없었다. 백성들은 원망하며 불평을 털어놓았다. 그러자 모세가 여호와께 부르짖었더니 주께서 나무 한 그루를 보여주셨다. 그 나뭇가지를 꺾어서 '마라 쓴 물'에 던졌더니 쓴물이 즉각 단물로 변하여 백성의 해갈을 면할 수 있었다.

"주께서 그에게 나무 한 그루를 보여주셨다. 그가 그 나뭇가지를 꺾어서 물에 던지니, 그 물이 단물로 변하였다."(출15:25, 표준새번역)

모세가 광야 길에서 나뭇가지를 이용하여 물을 찾았다는 것은 바로 오늘날에도 유행하는 '**바겟**(baguette)'의 **활용**이라고 하겠다. (바겟 사용법에 대해서는 후에 자세히 설명하겠다.)

근래에 필자가 이스라엘을 여행하면서 '마라'에 들른 적이 있다. 그 당시 마라에는 종려나무들이 몇 그루가 서 있었다. 그 근처에는 옛적의 '마라의 우물'이었다고 하는 곳이 있는데 큰 웅덩이 형태로 깊이 파여 있었다. 그 웅덩이 밑바닥에는 흐린 물이 조금 고여 있었고, 약간의 쓰레기까지 쌓여 있었다. 이곳이 진짜 수천년 전의 그 '마라' 쓴 물인지는 알 길이 없다. 그렇지만 지정학적으로 보면 이곳은 홍해에서 멀지 않은 지역이기 때문에 물에 '염분(鹽分)'이 강한 곳이어서 '쓴 물'이 있었던 것으로 볼 수 있다.

'마라'를 지나 '물 샘' 12개와 종려나무 70그루가 있는 엘림을 통과하여 르비딤에 이르게 된다. 그 길 도중에 이집트(애굽)를 떠난 지 어언 한 달이 되어 식량도 떨어지고 목이 갈하여 백성들을 또 모세와 아론을 원망했다. 그러자 하나님은 아침에는 만나로, 저녁 때는 메추라기를 내려 양식을 공급해 주었다(출16장). 하나님은 또한 광야의 뜨거운 열기를 구름기둥으로 가려 주시고, 밤에 밀어닥치는 사막의 추위를 불기둥으로 보호하셨다(출13:21-23).

2) 족장들과 모세는 '수맥탐측법'을 사용했나?

가나안은 물이 귀하여서 '우물차지하기' 싸움이 심했다.

'아비멜렉의 종들이 아브라함의 우물을 빼앗았고'(창21:25), 이삭의 종들은 '골짜기를 파서 샘 근원'을 얻었으며, '싯나와 르호봇 우물'을 팠다(창26:20-22). 세겜에 있는 야곱의 우물은 그 깊이가 32m나 된다.

〈사사기〉의 삼손 이야기에 보면, 그가 '레하'에서 갈증이 몹시 심하여 여호와께 부르짖은 후에, '우묵한 곳'을 터뜨렸더니 거기서 물이 솟아났다. 그 샘을 '엔학고레'라고 불렀다. 이는 풍수술의 수맥탐측법 중에 하나인 '육안(肉眼) 탐측법'으로 우묵한 지점에서 수맥을 찾는 수법과 흡사하다고 본다.[5]

한편 선지자 엘리야가 이세벨에게 쫓겨 이 산으로 피신했을 때에 마셨다는 '엘리야의 샘'이 있다. 이 샘물은 캐더린 수도원의 위쪽으로 1시간가량의 거리에 있다.

3) 반석을 쳐서 물을 낸 일

'풍수'는 '장풍득수(藏風得水)'의 줄임말이다. 풍수의 관찰은 산(山)을 살피는 일만 하는 것이 아니고, 물을 관찰하는 일도 중요한 작업이다. "득수위상(得水爲上) 장풍차지(藏風次之)"가 바로 그 말이다.

〈풍수서〉에는 '물을 얻는 것이 제일이고, 바람을 가두는 일은 그 다음'이라면서, "반드시 물을 먼저 보라(先須看水勢선수간수세)"고 말하고 있다.

혈처(穴處)를 가랑이를 벌리고 있는 여인의 음처(陰處)에 비정한다. 그리고 물은 움직이는 성질이 있기 때문에 양(陽)으로 본다.

---

[5] 오세종, 《그리스도인이 본 풍수지리설》(서울: 동서남북, 1994) 174쪽.

오늘날 이스라엘은 물 부족상태로 인한 어려움을 해결하기 위해 부단한 노력을 기울이고 있다. 이스라엘 땅에서 300mm 이상의 강우량이 내리는 곳은 국토의 43%이고 그 이하가 57%이며, 100mm 미만으로 내리는 곳은 25%이다. 이렇게 내리는 비는 다공질의 현무암, 석회암, 백악암 등의 지질 탓에 많은 양의 비가 지하로 스며들어 빗물의 이용을 어렵게 하고 있다.6)

옛날 야곱의 가족들은 가뭄이 심해지자 물을 찾아 이집트로 갈 수밖에 없었다(렘14:3-4).

---

6) 김진우, 《이스라엘? 이스라엘!》(서울: 대한기독교서회, 2003) 252쪽.

擇術盡善이면 封都立縣이나
택 술 진 선　　봉 도 립 현

一或非宜면 法主貧賤이라.
일 혹 비 의　　법 주 빈 천

官貴之地는 文筆揷耳하고
관 귀 지 지　　문 필 삽 이

魚袋雙聯이니라.
어 대 쌍 련

【풀이】

　땅을 택함에 있어서 최선을 다하면 도읍을 봉하고 고을을 세우게 되지만, 하나라도 만일 마땅하지 않으면 그 주인은 빈천하게 되는 법이다.

　관직에서 귀하게 되는 땅은 문필봉이 우뚝하게 서 있고, 어대봉(魚袋峰)이 쌍으로 잇닿아 있느니라.

【자의(字義)】

▶ 揷 꽂을 삽/ 袋 주머니 대/ 聯 연이을 련

【주해(注解)】

■ 耳(이) : 귀 이, 말 그칠 이.

　여기서는 어결사(語決辭)로 쓰였다.

■ 魚袋(어대) :

　옛날 당송(唐宋)의 속대(束帶)하던 시대에 쓰던 물고기 모양의 장식이 붙어있는 주머니, 5품 이상의 관리가 차고 다니면서 자기 신분을 나타냈다.

　문필봉(文筆峰)은 산의 형태를 '목(木) 화(火) 토(土) 금(金) 수(水)' 오형(五形)으로 구분할 때, 목성산(木星山)에 해당되는 산이다. 문필봉이 청명하면, 그 산 기운을 받은 곳에서는 문인(文人)이나 학자, 문과 급제자가 나온다고 풀이한다.

　제주도 서귀포에서 동남쪽 3km 거리에 있는 송산동(속칭 甫木마을) 앞 바다에는 '섶섬'이라는 섬이 있다. 그 섬 정상에는 문필봉이 솟아 있는데, 문필봉이 바라보이는 송산동에서 수백 명의 교사, 교수 등이 배출되었다.

　강화도 남쪽에 가면 마리산 동쪽 해변 '사기리'에 '촉피산'이 있다. 전형적인 문필봉이다. 이 산 기슭에 강화학파의 태두 영재(寧齋) 이건창 선생의 출생지가 있다. '영재'는 총 640번에 걸친 조선조 15,151명의 과거시험 급제자 중에서 12살에 대과에 급제한 최연소 급제자다. 영재는 율곡 이이를 조술(祖述)할만한 학자라고 평가했다.

地有佳氣하니 隨土所起요
지 유 가 기　　수 토 소 기

山有吉氣하니 因方所主로다.
산 유 길 기　　인 방 소 주

文筆之地에 筆尖以細면
문 필 지 지　　필 첨 이 세

諸福不隨에 虛馳才藝니라.
제 복 불 수　　허 치 재 예

文筆山은 主聰俊이나 若無吉山
문 필 산　　주 총 준　　　약 무 길 산

夾從 不成名이라.
협 종　불 성 명

【풀이】

　땅에 좋은 기운이 있으니 이는 토양에 따라 일어나고, 산에 길한 기운이 있으니 이는 방위로 인해 주인을 맡게 된다.
　문필봉이 있는 땅에서 그 봉우리가 세밀하게 뾰족하면 온갖 복이 따르지 않고, 재주와 예능이 헛되이 스쳐 지나가게 된다.
　문필봉은 총명과 뛰어남을 주관하지만, 만약 길한 산이 곁(주변)에 따르지 않으면 명성을 이루지 못하게 된다.

【주해(注解)】

■ 산을 감별하는 법 :

　산을 감별하는 데는 청(淸), 탁(濁), 흉(凶) 3격(格)으로 구분한다. 산이 수려하고 광채가 있으면 청(淸), 산이 살찌고 둔중하면 탁(濁), 산이 추악하고 살기가 있으면 흉(凶)이 된다.

大富之地는 圓峰金櫃니
대 부 지 지　원 봉 금 궤

貝寶杳來가 如川之至요
패 보 묘 래　여 천 지 지

貧賤之地는 亂女散蟻라.
빈 천 지 지　난 여 산 의

達人大觀이 如視諸指니
달 인 대 관　여 시 제 지

幽陰之宮은 神靈所主니
유 음 지 궁　신 령 소 주

葬不斬草면 名曰盜葬이라.
장 불 참 초　명 왈 도 장

【풀이】

　큰 부자의 터에 금궤처럼 생긴 둥그런 봉우리가 있다.
　재보가 냇물처럼 몰려 들어온다. 빈천한 땅은 주변 사(砂)가 마치 개미떼 흩어지듯 어지럽다. 도통한 사람이 크게 보여줌이 마치 손가락으로 가리키는 것 같으나, 음택[幽陰之宮]은 귀신이 주관하는 바이다. 그런 까닭에 장사를 지낼 때 참초(斬草)를 않는 것은 몰래 도장(盜葬)하는 것과 마찬가지라고 말하는 것이다.

【자의(字義)】......................

▸ 圓 둥글 원/ 櫃 궤 궤/ 散 흩어질 산

▸ 亂 난리 란, 어지러울 란/ 蟻 개미 의

▸ 視 볼 시/ 指 손가락 지. 가르칠지

▸ 幽 그윽할 유/ 葬 장사지낼 장/ 斬 벨 참

▸ 盜 도적 도/ 酌 술잔 작

▸ 斬草(참초) : 풀을 다 베어 버림.

▸ 祗 땅 귀신 지 ※ 祇 삼갈 기, 공경할 기

斬草者는 言當酌酒告於地祇라.
참 초 자   언 당 작 주 고 어 지 지

【풀이】

참초(斬草)라는 것은 땅에 술을 부어 권하며, 공경함을 고한다는 말이다.

【주해(注解)】

■ 술을 땅에 붓는 일에 대한 고전적 근거

옛 제사 때 술을 땅에 붓는 것(灌酒)은 술을 땅에 부어 신(神)이 강림하도록 하는 것이다(灌者 方祭之始 用鬱鬯之酒灌也, 以降神也). 제사 때 울금향(鬱金香)을 넣어 빚은 향기 나는 울창주(鬱鬯酒)를 사용 하는 데 울창주는 창주(鬯酒), 또는 '거창(秬鬯)'이라고도 한다.

울창주는 희생물과 더불어 제물인 동시에 특히 강신을 초래하는 역할을 하고 있다. 술의 향기 있는 냄새로 인하여 취했을 때 일어나는 기분의 고조로 인한 제물로서의 효과가 높다고 본다. 주자가례의 설명에서는 울금초는 난초와 비슷한 향기가 나는 풀인데, 검은색 기장을 사용하여 빚은 창주(鬯酒)에다 울금초(鬱金草)를 섞어서 제조한 술이라고 했다.

제사에 앞서 이 풀을 다져 세 발 달린 솥에 넣고 달이다기 제사 때 이것을 창주(鬯酒)에 넣는다.(朱子, 鬱鬯者, 家禮以爲釀秬爲酒, 煮鬱金香草, 和之其流, 芬芳而條暢也).

보통 울창주와 맹물인 현주(玄酒)를 같이 올렸다. 울금향초를 삶아 그 기운을 조화시키면 향기가 두루 퍼진다.

제사 지내며 저승으로 간 혼백이 어디 있는지 알 수 없으므로 울창주를 부으면 그 냄새가 음(陰)으로 연천(淵泉)에 도달하게 되고, 쑥에 메기장과 차기장을 합해 향을 피우면 그 냄새가 양(陽)으로 장옥(牆屋)에 도달케 하여 혼백에게 알리는 뜻으로 분향하고 술을 땅에 붓는다. 한편 향을 피우는 것은 "쑥과 기름을 섞어 태워서 기(氣)에 보답하는 것인데(燒蕭祭脂, 所以報氣)" 그 고전적 근거는 《모시주소(毛詩注疏)》 "대아(大雅) 생민(生民)"에 "제사 쑥과 기름을 섞어 태우고 수컷 양으로 노제(路祭)를 지내네. 고기를 부쳐 구워서 다음 해에 풍년을 기원하네(取蕭祭脂, 取羝以軷, 載燔載烈, 以興嗣歲)"에서 온 것이다.

《예기(禮記)》의 "주소(注疏) 제의(祭義)"에도 "아침 제사의 예식을 결정하여 양(羊)의 기름을 불사르고, 술의 향기를 위로 내뿜는 것은 기(氣)에 보답하는 것이다. 기장을 올리고, 양의 간, 폐, 머리, 심장을 바치며, 거기에 술병을 준비하여 울창주를 바치는 것은 백(魄)에 보답하는 것이다"라고 했다.

《시전(詩傳)》, "신남산(信南山) 초차(楚茨)"에도 "제이청주(祭以淸酒)하고 종이성모(從以騂牡)하야 향우조고(享于祖考)하니(맑은 술 올려 제사하고 붉은 빛 황소 희생하여 조상님께 드리올 제)"라 하였고, 《시전(詩傳)》 "초자(楚茨)"에도 "신보시향(神保是饗), 신기음식(神嗜飮食)하시고(신보여, 이것을 흠향하시고, 즐거이 흠향하시고)"라고 했다.7)

이와 같이, 술은 대표적인 제물이 되었으며, 《시전(詩傳)》 "소아(小雅), 신남산(信南山)"과 "정현(鄭玄) 잔(箋)"에도 울창주로 제사지낼 때 사용한다는 구절이 기술되어 있고(以秬鬯二卣曰, 明禋, 拜首稽首, 休享), 《서전(書傳)》 "주고(酒誥)" 편에도 주공(周公)은 술의 폐해를 백성들에게 훈

---

7) 《詩傳》, 小雅, 信南山. 鄭玄箋, "祭之禮, 先以鬱鬯降神, 然後迎牲.";《書傳》, 洛誥, "工賓, 殺禋咸格, 王入太室祼."

시하면서 제사에는 술을 쓸 것을 권하였다. 조선조 정조 때의 학자 정홍규는 "제사의 술은 그 빛이 깨끗하고 맛이 향기로워 제사에 쓰면 귀신이 와서 흠향한다(色淡味香, 用於祭祀, 而鬼神來享)"고 했다.

이러한 관주 의식에 대하여 주자의 제자 진순(陳淳)은 다음과 같이 진술했다. "옛 사람들은 제사 지낼 때 혼(魂)의 기는 하늘로 돌아가고, 몸의 백(魄)은 땅으로 돌아간다고 생각했다. 이를테면 《예기(禮記)》 "제의(祭義)"에서는 '희생을 쑥과 함께 태워 불빛과 향기를 내는 것은 혼(魂)에게 알리는 뜻이고, 서직(黍稷)을 올리고, 희생의 간, 폐, 머리, 심장을 삶아 바치고 거기다 울창주를 더하는 것은 백(魄)에게 알리는 것'이라 했다.

또 《예기》 "교특생(郊特牲)"에는 "주나라 사람은 향기를 숭상했다. 그래서 희생을 죽이기 전에 울창주를 부어 그 향기로 신령을 불렀다. 울창주에는 다시 울금초(鬱金草)라는 향초 액을 섞어 그 강한 향기를 지하 깊숙한 곳까지 닿게 하려 하였다. 이리 하여 땅에 있는 음기인 백(魄)을 맞아들이는 것이다. 그 다음 쑥과 서직을 섞은 것을 볶아 태워서 냄새가 높이 올라가게 하여 지붕에까지 이르게 한다. 이렇듯 제물을 바치고 향주(香酒)를 땅에 부어 쑥과 서직을 볶아서 태우는 이 두 가지 의식을 제사에서는 신중히 행한다"고 했다. 즉 서직을 바칠 때 희생의 폐(肺)를 곁들이고, 제주(祭酒)를 바칠 때 명수(明水)를 깃들이는 것은 음(陰)인 백(魄)에게 알리는 것이고, 희생의 창자에 붙은 지방을 떼어 내어 불에 쬐고 머리를 신에게 바치는 것은 양(陽)인 혼(魂)에게 알리는 의식이다.

■ 산을 오행(五行)으로 보는 법

산에는 오성(五星)이 있고, 땅에는 기 기운을 받은 오행(五行)이 있다 (天有五星 地有五行). 즉 '목, 화, 토, 금, 수' 오성산(五星山)으로 분별하는 법이다. 더 세분하면, 탐랑성(貪狼星), 거문성(巨文星), 녹존성(祿存星), 문곡성(文曲星), 염정성(廉貞星), 무곡성(武曲星), 파군성(破軍星), 좌보성(左輔星), 우필성(右弼星) 등 9성법(九成法)으로 세분한다. 이렇게 산을 오행, 또는 구성으로 구분하는 것은 주역의 이론에 근거한 것이다. 즉, 주역에 "하늘에 있는 상(象)이 땅에서 그 모양을 이룬다(在天에 成象이요 在地에 成形이라)."

(1) 목성산(木星山)

산봉우리가 불꽃처럼 섬세하게 날카롭지는 않지만 불뚝 솟은 듯한 산. 다른 이름으로는 세성(歲星)이라고 한다.

청명한 목성산의 기운을 받으면, 학자, 문인, 문과 급제자가 배출된다고 풀이한다. 이런 산이 흉할 경우, 형성(刑星)이 되어 형벌이나 살상, 소송, 불구, 질병 요절, 고아나 과부 등에 영향을 미친다고 본다. 북악산, 촉필산 등이 이에 속한다.

(2) 화성산(火星山)

산봉우리가 불꽃 같이 생긴 산. 다른 이름으로는 형혹성(熒惑星)이라고 한다. 산봉우리가 불꽃 같이 뾰족뾰족하기 때문에 화끈하고 활동적이지만 조급하고 속전속결하는 기세가 있다고 풀이한다. 화성산은 기가 모이기보다 흩어지기 때문에 주산(主山)으로 삼기를 꺼린다.

화성산 기운이 청명하면 화가, 서예가, 예술가, 순교자, 충신, 열사 등을 배출한다고 보고, 이런 산의 기운이 흉하면 살성(殺星)이 되어 살상 살인, 도적, 멸절, 참혹 등의 일들에 영향을 준다고 풀이한다. 설악산, 관악산 등이 이에 속한다.

(3) 토성산(土星山)

산봉우리가 지붕이나 평상처럼 평평한 듯이 보이는 모양의 산. 일명 진성(鎭星)이라고 부른다. 일자문성(一字文星)이라고도 부르는데, 이런 산이 청명하면, 왕기(王氣)가 서려 있다고 본다. 임금이나 대통령들의 선산이나 출생지의 주변 사(砂)에서 토성산이 눈에 띌 때가 있다. 서울에 총리공관 뒤쪽 길로 북악산을 오르다보면 토성산이 확연히 보인다.

근처에는 토성산이 탁할 경우에는 부성(富星)이라 해서 재산이 많아지고 자손이 번성하는 일이 생긴다고 풀이한다. 이런 산이 흉격이면 체성(滯星)이라 하여 완고하고 우둔한 인물들이 배출된다고 풍수의 술법에서는 해석한다.

토성산 지세에는 갈마음수(渴馬飮水), 옥금(玉琴), 귀인(貴人), 봉황, 우면(牛眠), 맹호, 장군 등의 형국 이름을 붙인다.

(4) 금성산(金星山)

산 모양이 둥그스럼하고 기슭이 넓고 풍부해 보이는 산. 젖가슴 같기도 하고, 솥뚜껑 같기도 하고 노적가리 같기도 한 그림 모형이다. 다른 이름으로는 태백성이라 부른다.

금성산이 청명한 기운이면, 관성(官星)이라 해서, 후덕한 사람, 덕인(德人), 충신, 부자들을 배출한다고 본다.

이런 산이 탁하면, 무성(武星)이라고 해서 위세가 등등하고 권세가 있다. 금성산이 흉격이면, 여성(厲星)이라 해서, 요절하고 살벌하고 패멸하고 방탕한 기운이 있다고 풀이한다.

노적봉, 지리산 화엄사 동쪽 산, 경주 최부자 집, 강릉 최부자 집 앞산 등이 금성산의 모형이다.

금성산에는 맹수, 동물, 선인(仙人), 장군, 화초 등에서 그 형국 이름을 따다 붙인다. 금계포란형, 옥녀등천형, 장군대좌형, 앵소유지형(鶯巢柳枝形) 등이 그 예다.

(5) 수성산(水星山)

산봉우리가 굴곡이 없이 굽이굽이 물결치듯 부드럽게 이어져 흐르는 모형의 산이다. 일명 진성(辰星)이라고 부른다. 그 모형이 말안장 같기도 하고, 의연하고 유장해 보인다.

금성산이 청명하면, 수성(秀星)이라고 해서, 물처럼 유연하면서도 힘 있는 사람, 선비, 학자, 여걸 등이 배출된다고 한다. 이런 산이 탁하면, 유성(柔星)이라 해서 물에 물 탄 듯한 사람, 우유부단한 사람, 자기 주견이 뚜렷하지 못한 사람, 간사한 사람 등이 나온다고 본다.

수성산이 흉격이면, 탕성(蕩星)이 돼서, 음란하고 방탕하고 간사하고 빈궁하고 병약한 기운을 받게 된다고 한다.

그밖에 오성으로 명확하게 구분되지 않는 복합형 산도 허다하다.

지가서(地家書)에는 "인걸(人傑)은 지령(地靈)이라" 했고, 또 "산세가 좋으면 좋은 인물이 나고, 산세가 나쁘면 우매한 인물이 나오는 것은 자연의 이치다(山淸人秀 山濁人愚 自然之理)"라고 했다.

오성정체도(五星正體圖)

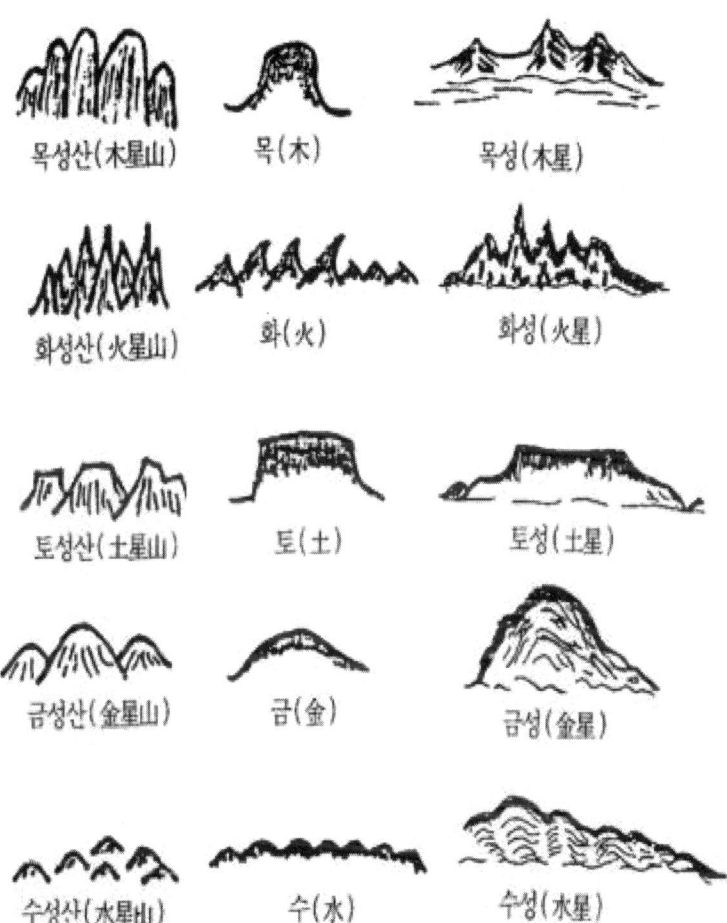

구성정체도(九星正體圖)

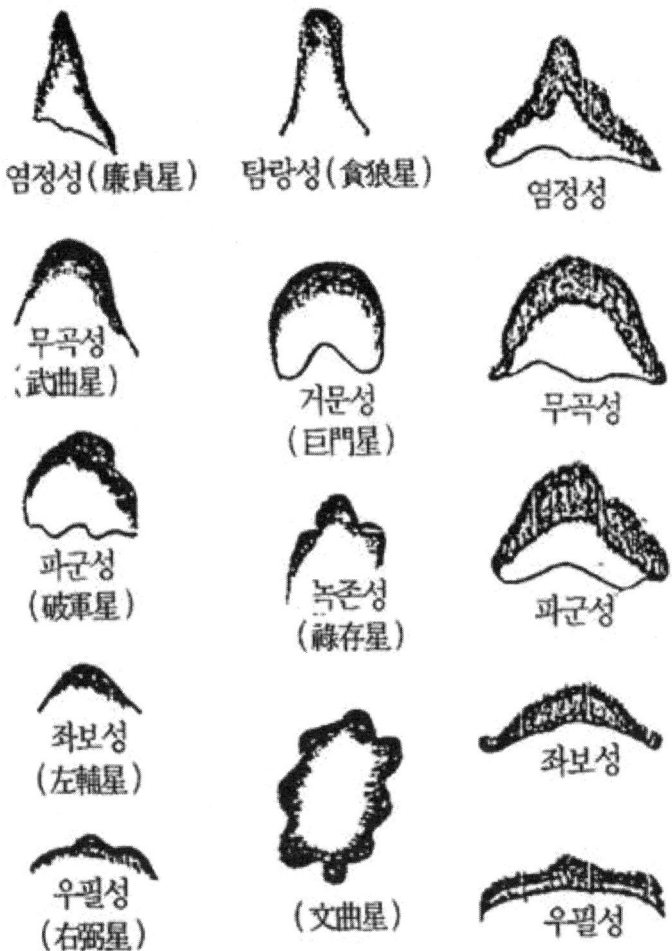

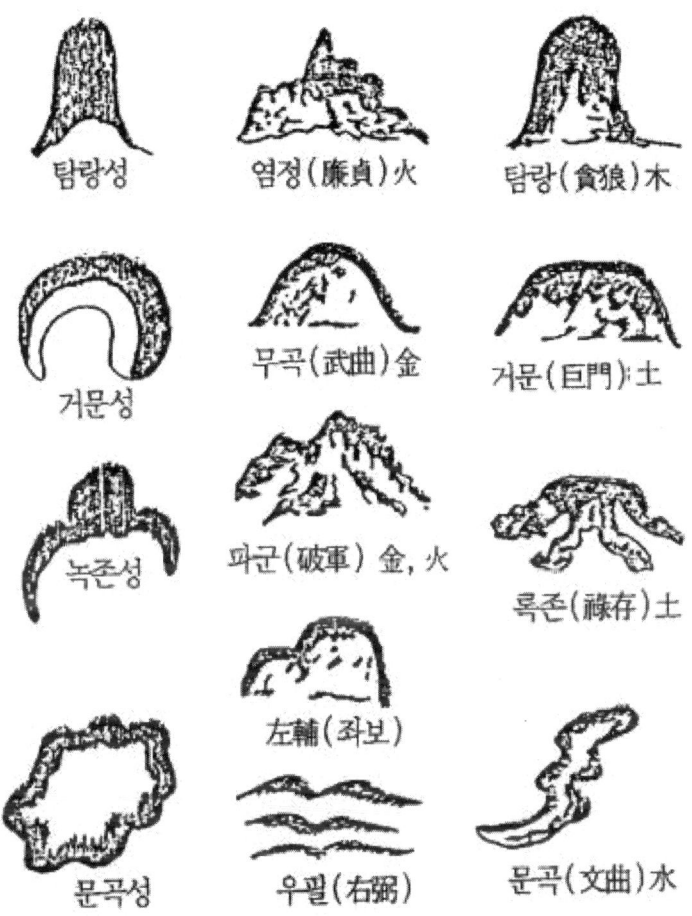

莫近古墳하라. 殃及兒孫한데
막 근 고 분　　　　앙 급 아 손

一墳榮盛하고 一墳孤貧이니
일 분 영 성　　　일 분 고 빈

穴吉葬凶이면 與棄屍同이니라.
혈 길 장 흉　　　여 기 시 동

穴雖吉이나 而葬不得其年月日이면
혈 수 길　　　이 장 부 득 기 년 월 일

亦凶이니라.
역 흉

【풀이】

　고분 근처에 무덤 쓰지 마라. 재앙이 아이와 손자에게 미치리라. 어떤 산소는 번성하고, 어떤 산소는 고독하고 빈한하게 되는데, 혈처를 잘 잡았으나 장사를 잘못 치르면 마치 시체를 버리는 꼴과 같게 된다.

　비록 길한 혈에 자리를 잡았더라도 장사 지내는 때를 잘못 잡으면 흉하니라.

【주해(注解)】

■ 시신을 산소에 안장하는 시간을 잡아서 하관을 행하는 경우가 있다.
　이는 사람이 태어나는 시간을 길한 연월일시 사주팔자를 잡듯이 저승으로 가는 안장시간도 길한 때로 잡는다는 장법 이론이다. 그렇지만 이 술법은 그 책정법이 제 설마다 제 각각이어서 신빙성이 없다.

察以眼界하며 會以性情하니
찰 이 안 계　　회 이 성 정

若能悟此면 天下橫行하리라.
약 능 오 차　　천 하 횡 행

察以眼界者는 形之於外니
찰 이 안 계 자　　형 지 어 외

人皆可觀之나 至於會以性情은
인 개 가 관 지　　지 어 회 이 성 정

非上智之士가 莫能也니라.
비 상 지 지 사　　막 능 야

【풀이】

눈으로 살피고 성정(性情)으로 이해하여 이를 깨달을 수만 있다면 천하에 거리낌이 없을 것이다.

눈으로 관찰한다는 것은 그 형상이 밖에 있기 때문에 사람들이 모두 볼 수 있는 것이나, 성정(性情)으로 깨닫는다는 것은 높은 지혜자가 아니면 가능하지 않으니라.

지리를 보는 제대로 된 안목을 터득하지 못한 풍수를 얼풍수, 반(半)풍수라고 부른다.

관산(觀山)의 몇 가지 안목(眼目)

서 언

지리학자 턴벌(Turnbull, 1989)은 "지도란 사회 문화적 구조의 일부라 할 수 있다"고 말하였다.8) 산천을 관산(觀山)할 때 관산하는 입장과 안목에 따라 각각 그 의미가 제 각각 다르게 이해되며, 심지어 실제로 지도를 제작할 때에도 그 제작 목적과 그 것을 주장(主掌)하는 주관자의 지리관[觀]에 의해 그 지도의 모양을 달리 그리기도 했다.

BC 700년경에 제작된 것으로 추정되는 바빌로니아 지도는 세계를 둥근 원반으로 표시하였고, 그 것을 바닷가 둥글게 둘러싸고 있는 형태로 나타내고 그 중심부에 바빌론을 표시하여, 자기 민족이 세계의 중심부에 있다는 곳을 표시했다.9)

중국에서도 전국(戰國)시대부터 '천하도(天下圖)'라는 이름의 가상 지도를 만들었는데, 그 지도는 세계를 원형으로 하고 그 가장자리는 바다로 그려져 있는 지도다. 그 영향을 받아서 우리나라에서도 18세기까지 중국의 지도와 비슷한 '천하도'가 만들어졌다. 중국에서 세계를

---

5) Susan Hanson, 구자용 외 4인 공역, 《세상을 변화시킨 10가지 지리학 아이디어》(서울: 한울 아카데미, 2001) 44쪽.
9) 서정철, 《시양 고지도와 한국》(서울: 대원사, 1991) 14쪽.

원형으로 그린 것은 원(圓)은 완전, 무한의 하늘과 우주를 표상하고 그 한가운데 중국이 있다는 것을 나타내는 뜻이었다.10)

우리나라에서 흔히 쓰고 있는 '동(東)·서(西)'는 유럽인을 기준으로 설정한 방위 개념이다. 예를 들면, 이슬람의 본거지가 있는 곳을 중동(中東)이라 하고, 인도와 중국은 동쪽에 있는 나라이며, 우리나라는 극동(極東)이라고 부른다. 이것을 우리나라를 중심으로 하여 '동(東)·서(西)' 방위 개념을 다시 설정한다면, 중국은 서방이 되고, 유럽은 극서(極西), 미국은 극동이 될 것이다. 이처럼 동서남북의 방위개념 설정은 세계를 보는 각 민족이나 그들의 세계관의 관점에 따라 제각기 다르게 설정될 수 있다.

중세기 유럽의 기독교 국가 시대에 나온 지도는 특히 '티오지도(TO Map)'라고 부르는데, 그 'TO 지도'는 기독교 세계관을 가지고 그린 지도다. 즉, O란 세계의 주변을 감싸고 있는 오케아누스[대양大洋]이며, 세계의 육지를 T자(字)로 삼분(三分)하여 그 한 복판에 두고 예루살렘을 두고 아시아, 아프리카, 유럽으로 구분하였다.11) 곧 예루살렘은 하나님과 직통하는 '세계의 배꼽', 즉 세계의 중심으로 부른다.

불교가 융성하던 시절에 그려진 '남섬부주도(南贍部州圖)'라는 지도가 있다. 남섬부주란 불교에서 말하는 인간이 살고 있는 세계 전체를 말하는데 이 지도에 나타난 나라 이름들을 보면 북쪽으로 호국(胡國), 동쪽에는 당토, 남반, 안식국, 다마리 제국과 대륙 밖으로 고려가 그려져 있다. 남쪽으로 대륙밖에 집사자국(執獅子國, 스리랑카), 서쪽 밖으로 서안국 등이 기재되어 있다. 남섬부주도는 부등변(不等邊) 사각형치럼 된 계란형의 남섬부주라고 하는 대륙의 한 가운데에 천축국(天竺國)을 두고 있고, 그 북쪽에는 불설(佛說)에 근거한 설산(雪山)이 있고, 세계 4

---

10) 서정철, 《서양 고지도와 한국》 16쪽.
11) 방동인, 《한국의 지도》(서울: 세종대왕 기념사업회, 1974) 51-52쪽.

대강의 원류가 된다는 무열뇌지(無熱惱地)가 자리 잡고 있다.12)

대동여지도 등 우리나라의 옛 지도는 한 결 같이 백두산이 실제보다 크게 과장 되게 그려져 있어 백두산이 우리나라 산의 태조산(太祖山)임을 강조하였다.13) 이와 같이 동일한 산천에 대한 이해도 그 보는 종교, 문화와 의도와 관점에 따라 제각각으로 이해되어 나타난다.

필자는 1996년 4월 이래로 산우회(山友會) 친구들과 강산을 주유(周遊)하고 있다. 그러는 중 종교와 문화에 따라 산천을 서로 제각기 다른 안목으로 이해하는 그 구체적인 사례들을 관산(觀山)한 바 있어 그 대표적인 몇 가지를 검토해 봄으로서 산천을 보는 안목의 차이점을 살펴보기로 한다.

1. '지모(地母)의 자궁'을 찾는 길
- 풍수지리의 산천관(山川觀) -

풍수지리 사상은 한국을 비롯하여 중국, 일본 등 동부 아시아 여러 민족의 지형과 기후, 풍토 등 자연에 대한 해석 방법으로 넓은 의미에서의 동양의 고전적 토지관이자 지리학이다. 이를 구태여 구분하면 지형이나 기후, 토양, 산물, 가옥, 도로 등 눈에 보이는 것을 살피는 것을 지리(地理)라고 하고, 그 땅의 보이지 않는 성격 곧 지기를 살피는 것을 풍수라고 한다.14)

풍수지리에서 산천을 어떻게 보고 이해하는가에 대해 알아보기로 하자.

---

12) 방동인, 《한국의 지도》 50쪽.
13) 한영우 외 2인, 《우리 옛 지도와 그 아름다움》(서울: 효형출판, 1999) 240쪽. ; 조석필, 《산경표를 위하여》(서울: 산악문화, 1994) 34쪽
14) 최창조, 《한국의 풍수 사상》(서울: 민음사, 1991) 22쪽.

1) 산의 능선을 '용(龍)'으로 본다.

풍수에서는 산의 능선을 용(龍) 또는 내룡이라고 부르는데, 기의 진행이 능선을 타고 흐른다고 보기 때문이다.

이 능선의 상태가 어떠하냐를 감별하여 '죽은 용이냐, 산 용(生龍)이냐?' '길한 용이냐, 흉한 용이냐?' '건강한 용이냐, 병든 용이냐?' '순룡(順龍)이냐, 배역하는 용이냐?' 하는 따위를 감별한다.

2) 물형론(物形論)으로 산천을 사물에 비정하여 감별한다.

풍수에서는 산천을 사물에 비정하여 형국을 말한다. 즉 ①옥녀, 장군, 어부, 중 등 인형(人形)에 속하는 형국 ②지네, 맹호, 소, 거북이, 말, 쥐, 사자, 개, 토끼 등 짐승 모양에 속하는 형국 ③봉황, 닭, 학, 새, 까마귀, 기러기 등 짐승에 속하는 형국 ④ 용, 뱀의 형국 ⑤ 그 밖에, 쟁반, 배, 포도, 연꽃, 달, 무란, 매화 등 사물과 '也' '用' 등 글자 모양 형국으로 산천을 감별하여 혈의 요처를 결정한다.[15]

3) 명당의 '혈(穴)'을 여자의 음부(陰部)로 비정한다.

풍수에서 무덤을 쓰는 자리라 던지, 집을 들어앉히는 자리라 던지 바로 그 자리를 '혈(穴)'이라고 하는데, 이는 대지(大地)의 자궁에 비정한다.

혈(穴)은 질구(膣口, vagina outlet, the orfice of the vagina), 입수(入首)는 음부(陰阜, mons pubis), 두뇌는 음핵(陰核, clitoris), 선익(蟬翼)은 외음순(外陰脣, the labia mojora), 선익 안쪽은 내음순(內陰脣, the labia minora)에 해당하는 것으로 보고 그 자궁으로 사람의 '백(魄)'이 들어가 구합(媾合)하는 것으로 풀이한다.

---

[15] 오세종, 《그리스도인이 본 풍수지리설》 112-114쪽.

'魄(백)'은 '白'과 '鬼'의 합성어로 '남자의 흰 색[白]의 정액(sperm, sperma)'을 나타내는 글자다.16) 즉 남성(sperma)이 지모(地母)의 자궁을 찾아 들어가 구합하여 자손이 번성하고[孫], 벼슬에 나아가 출세하여 높은 관직을 얻고[貴], 부자가 되는[富] 자손을 얻게 된다고 보는 것이다.17)

이처럼 풍수지리에서는 산천을 사물, 용(龍), 지모(地母) 자궁으로 보고 혈을 찾아 현세의 부귀영화를 기도(企圖)한다.

2. 해탈(解脫)의 길
- 가람(伽藍) 건물의 배치로 본 불교적 산천 이해 -

불교는 세계의 중앙에 가상의 산인 '수미산(須彌山)'을 설정해 놓았다. 그 수미산 윗쪽에 28개의 하늘을 층층이 두고, 수미산 기슭을 인간과 축생의 세계, 땅 밑에는 지옥이 있다 하고, 수미산 윗쪽에는 28개의 하늘을 층층이 두고, 그 28개의 하늘 위를 부처의 경지로 보았다.18) 즉 수미산 산문에 들어, 일주문을 거쳐 수미산을 올라, 절간을 거쳐 수분각(隨分覺)하여, 천상세계를 지나서, 부처가 있는 열반에 까지 이르는 과정 즉, '해탈의 길'을 따라 가람이 배치했다. 이제 그 의미와 교학 체계, 수행 등을 좀 더 자세히 살펴보기로 하자.

---

16) 오세종, 《의례신학》(서울: 삼필문화사, 1995) 138쪽.
17) 오세종, 《그리스도인이 본 풍수지리설》 143쪽.
18) 定方晟 서, 농봉 역, 《불교의 우주관》(서울: 관음출판사, 1993) 18쪽.

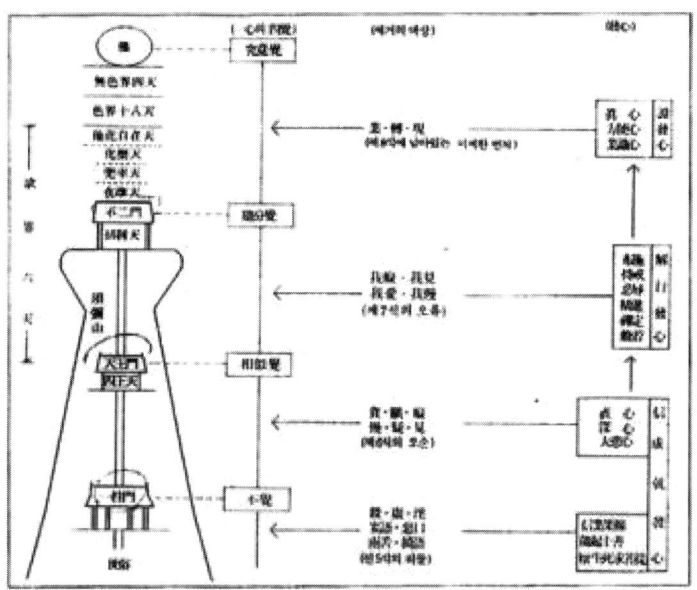

1) 일주문(一柱門)

일주문은 "약입차문자(若入此門者) 막존료해(莫存了解)", 곧 "이문에 들어서는 자는 알량한 세상지식을 버려라"는 뜻으로 세운다.

이 문에 들어서는 자는 전5식(前五識)의 허물인 살(殺), 도(盜), 음(淫)을 제거하는 단계로 이를 위하여 ①살생하지 말 것(不殺生) ②훔치지 말 것(不偸盜) ③간음하지 말것(不邪淫) ④거짓말을 하지 말 것(不妄語) ⑤악담하지 말 것(不惡口) ⑥이간질을 하지 말 것(不兩舌) ⑦희롱하는 말을 하지 말 것(不綺語) ⑧탐욕을 버릴 것(不貪慾) ⑨질투와 분노를 이길 것(不瞋恚) ⑩사견(邪見)을 버릴 것(不邪見) 등, 10신(善)의 계율을 지키도록 되어 있다.

2) 천왕문(天王門)

일주문을 지나면 수미산 중턱의 천왕문에 이른다. 사찰에 따라서는 일주문과 천왕문 사이에 금강문을 따로 세우는 곳도 있다. 사천왕문에는 지국천왕(東), 증장대왕(南), 광목대왕(西), 다문천왕(北)을 지키고 있는데, 이 천왕문을 통과하려면 탐(貪), 진(瞋), 치(痴), 만(慢), 의(疑), 견(見, 고집) 등 6가지를 버리고, 직심(直心), 심심(深心), 대비심(大悲心) 등 3발심(發心)을 가져야 한다.

3) 불이문(不二門)

세속을 떠나 수미산 입구인 일주문을 들어서서 십선(十善)을 행하고 6가지를 버리고, 3가지 발심을 가지고 천왕문을 지나서 수미산 정상에 오르면 제석천왕이 다스리는 도리천에 이른다. 도리천 위에 불이(不二)의 경지인 해탈문이 서 있다. 도리천 안에는 33천이 있다. 제석천왕은 아직 보살이나 부처의 경지에 이르지 못한 상태에 있다.

불이문(不二門)은 곧 해탈의 문이다. 그러니까 불이문(不二門)은 도리천보다도 더 높은 경지에 있는 문인데 이 문을 통과하려면 아치(我癡), 아견(我見), 아애(我愛), 아만(我慢)을 버리고 6바라밀을 실천해야 한다. 6바라밀은 ①보시 ②지계(持戒) ③인욕(忍辱) ④정진 ⑤선정(禪定) ⑥반야 등 6가지 수행 계율이다.

불이문을 통과하여 부처가 있는 법당에 이른다. 이 경지를 수분각(隨分覺)이라 부른다.[19] 법당은 석가가 있는 불국정토(淨土)의 표상이다.

이와 같이 불교의 가람 배치는 단순히 건물을 여기 저기 세워 놓은 것이 아니라 해탈의 이르는 과정을 수미산에 비정하여 설정해 놓은 수행의 길이다.

---

19) 金鉉埈, 《사찰 그 속에 깃든 의미》(서울: 교보문고, 1991) 28-42쪽.

3. '산은 산, 물은 물'
- 선안(禪眼)으로 보는 덕유산 무주구천동 -

1) 선(禪)

선(禪)이란 범어 '디야나(dhyana)', 팔리어의 '쟈나(jhana)'의 약음(略音) 사어(寫語)이다. 이를 의역하여 '정려(靜慮)', '선정(禪定)'이라 하였다. 이러한 불교가 중국에 전래되기 이전부터 중국에는 '선'과 유사한 종교적 실천 방법이 있었으나20) 페르시아 출신 승려 '달마(達磨, ?-536)'의 등장으로 중국에서의 선(禪)불교가 자리를 잡고 퍼져 나갔다. 선(禪)은 어떤 의미에서는 노장(老壯) 사상에 종교적 차원을 불교식으로 가미한 인도 불교의 중국화(Siccization of Indian Buddhism)의 정점(頂點)이다.21)

중국의 선(禪)불교는 제1조(祖) 달마에서 제2조 혜가(慧可), 제3조 승찬(僧璨), 제4조 도신(道信), 제5조 홍인(弘忍)에 이어 제6소 혜능(慧能, 638-713)에 이르러 선풍(禪風)을 크게 일으켰다. 혜능에게는 뛰어난 제자 5人이 있었는데, 그 중 하나가 청원(靑原, ?-704)이다.22)

2) 청원(靑原)의 깨달음

청원(靑原) 유신(惟信)이 이렇게 말했다. "노승이 30년 전 참선하기 전에는 '산은 산이고 물은 물이더니', 내가 진리를 깨달았을 때는 '산은 산이고 물은 물이 아니었다.' 그러나 내가 마지막 쉴 곳(즉 깨달음)을 얻고 보니 '산은 정말로 산이고 물은 정말로 물'이다."

---

20) 木村淸孝 저, 장휘옥 역, 《중국 불교사상사》(서울: 민족사, 1995) 147쪽.
21) 金容沃, 《話頭 혜능과 셰익스피어》(서울: 통나무, 1998) 61쪽.
22) 金容沃, 《話頭 혜능과 셰익스피어》 36, 122쪽.

그러고 나서 그는 "네 생각에는 이 세 가지 이해가 같은 것인가 다른 것인가?" 하고 물었다.

"산은 산이고 물은 물이다" 이것은 선(禪)을 공부하고 수행하기 이전의 이해였다. 그러나 그가 몇 년간 선을 공부하고 깨달음에 도달했을 때, 그는 "산은 산이 아니고 물은 물이 아니라는 아니다"라는 사실을 깨달았다. 그러나 그가 깨달음에 도달하였을 때, 그는 "산은 정말로 산이고 물은 정말로 물이다"라는 사실을 분명히 알게 되었다. 첫 번째 이해의 단계에서 청원(靑原)은 산을 물과 분별하고, 물과 산을 분별하였다. 두 번째 단계에서는 산을 산으로, 물을 물로 긍정하였다. 이 단계에서는 분별과 함께 긍정도 하게 된다. 그러나 그가 두 번째 단계에 이르렀을 때, 즉 "산은 산이 아니고 물은 물이 아니다"라는 단계에 이르렀을 때 분별도 긍정도 없고 오직 부정만 자리 잡고 있다. 마침내 세 번째 단계에 도달했을 때 "산은 정말로 산이고, 물은 정말로 물이었다." 여기서 다시 한 번 분별과 긍정을 행하게 된다.23)

3) 선안(禪眼)으로 본 덕유산 무주구천동의 경관

덕유산은 남한 지역에서는 한라산, 지리산, 설악산에 이어 4번째로 높은 명산이다. 《정감록》의 감결에는 십승지지(十勝之地) 중 하나로 꼽았고, '남사고'는 덕유산 아래 무풍을 '뛰어난 복지'라고 칭찬했고, '김장호'는 덕유산을 '한반도의 속고쟁이'라고 칭했다.

무주구천동은 33개의 절승처로 유명하다.24)21) 필자는 1998년 9월

---
23) 阿部正雄 저, 邊鮮煥 역, 《선과 현대철학》(서울: 대원정사, 1996) 25-27쪽.
24) 羅濟通道(제1경), 隱龜臺(제2경), 聽琴臺(제3경), 와룡담(제4경), 鶴巢臺(제5경), 逸士臺(제6경), 함벽소(제7경), 가의암(제8경), 秋月潭(제9경), 만조탄(제10경), 파회(제11경), 수심대(제12경), 洗心臺(제13경), 水鏡臺(제14경), 월하탄(제15경), 인월담(제16경), 사자담(제17경), 청류동(제18경), 비파담(제19경), 茶煙臺(제20경), 구월담(제21경), 금포탄(제22경), 호반암(제23경), 청류계(제24경), 안심대(제25경), 신양담(제26경), 명

21일 山친구 몇몇과 덕유산 무주구천동을 오른 일이 있다. 이 33경 속에 '청원 유신'의 깨달음의 과정이 스며있다. 즉, 33경 중 제1경 입구에서부터 제 30경(연화담)에 이르기까지는 "산은 산, 물은 물(見山是山, 見水是水)"이더니, 이속대(離俗臺, 제31경)을 지나자 "산도 아니고 물도 아니었다(見山不是山 見水不是水)." 32경(白蓮寺)을 지나 33경 향적봉에 이르면 거기에서 산천은 "산은 정말로 산이고, 물은 정말로 물이러라(見山祇是山, 見水祇是水)."

4. 구약성서의 출애굽 경로에 대한 기독교의 구원론적인 견해

1) 이스라엘 민족의 출애굽 사건

여호와 하나님이 메소포타미아 지역 갈대아 우르에 살고 있는 아브라함에게 나타나 "갈대아 우르를 떠나 가나안 땅으로 가라! 내가 너로 하여금 큰 민족을 이루게 하리라"고 축복하여, 아브라함은 가나안 땅으로 입주하여 그 증손자 대에 이르러 12 아들이 크게 번성하였다. 그러던 중 가나안 땅에 흉년이 크게 들어 야곱(이스라엘)의 12 아들이 이집트로 이거하여 400여 년 살던 중 여호와 하나님의 축복으로 자손이 생육하고 번성하였다. 이를 두려워한 이집트의 왕 파라오는 이스라엘 백성들을 핍박하여 그 신앙적 정신적 육체적 고통이 극심하였다. 이 때 여호와 하나님은 모세를 불러 "내 백성들을 구원하여 약속의 땅 가나안으로 가라!"는 사명을 부여했다.

마침내 모세는 이집트에 있는 60만 이스라엘 백성들을 이끌고 출애굽을 감행하여 기적적인 방법으로 홍해를 건넜다. 홍해를 건너 시내

경담(제27경), 구천폭포(제28경), 백련암(제29경), 연화담(제30경)

광야를 갖은 고초를 겪으면서 40년간 유랑하면서, 이스라엘 백성들은 불기둥 구름 기둥으로 인도하시고 메추라기와 만나를 내려 주시는 여호와의 임재와 손길을 몸소 체험하면서 율법과 십계명을 받고, 성막을 준공하여 여호와를 경배하며 행진하였다. 드디어 여호와의 도우심으로 요단강도 기적적으로 건너 마지막 관문인 '여리고 성'을 정복하고, 꿈에도 그리던 약속의 땅 가나안으로 입성하여 '거룩한 나라'의 '선민'(選民)으로 살아가게 된다.

2) 구원의 예표(豫表) - 출애굽 경로에 대한 구원론적인 의미 부여

이러한 이스라엘 민족의 출애굽 경로에 대해 기독교 신학자들 중에서는 '구원의 예표(豫表)'로 의미를 부여하고 해석하는 일들이 있다. 즉, ① 이집트를 떠나 홍해를 건너는 일 ②시내 광야에서의 40년 유랑 생활 ③요단강을 건너 가나안으로의 입성의 지리적 경로를 '하나님의 백성' 사탄의 나라(이집트)에서 벗어나 구원받아 '천국'으로 들어가는 한 예표(豫表)로 보고, 그 경로의 과정에 기독교 구원론적 의미를 부여하여 '구원론의 차서(次序)'로 설명하고 있다.25)

① 이집트를 떠나 홍해를 건넘: 죄악 세상에서 구원의 길로 들어섬. 믿음으로 의로다 함을 얻음(칭의稱義의 단계)
② 광야의 40년 생활: 의롭다함을 얻은 자가 지켜야할 거룩한 삶, 즉 성화(聖化).
③ 광야 생활 끝내고 요단강을 건너 가나안 땅에로의 입성은 '천국의 영화(榮化)'라고 의미를 부여하여 구원의 차서로 설명한다.

---

25) 홍대위, 《구원의 신리》(서울: 크리스챤 신문사 출판국, 1968) 41쪽.

맺는 말

이상에서 나는 산과 물, 천지자연은 '자연' 그대로이나, 그것을 보고 느끼는 바는 관산(觀山)하는 자의 문화적 배경과 종교적 세계관에 따라 제 각기 그 의미와 해석이 다름을 살펴보았다.

풍수지리에서는 산천의 요처를 혈(穴), 곧 '대지의 자궁'에 비정하여 그 자궁을 통하여 그 후손이 현세적 복을 받게 하려는 지모(地母)사상 곧 'vulva cult'로 해석한다. 불교의 가람 배치는 사찰의 위치가 단순히 산 속에 건물을 짓는 것이 아니라, 수미산을 오르며 해탈의 세계로 정진하는 수도 과정에 따라 그 의미를 부여하였으며, 선승(禪僧) 청원의 안목으로 보면 덕유산에 오르는 무주구천동 길은 깨달음으로 나아가는 구도자의 길로 그 의미를 부여했다.

또 한편, 기독교 신앙은 이집트를 '죄악 세상', 홍해를 건넘을 '믿음으로 의롭다함을 얻는 것', 광야의 유랑을 '성화(聖化)', 광야 생활을 청산하고 요단강을 건너 가나안으로 입성함을 '천국'으로의 구원으로 예표하여 그 의미를 부여하고 있다.

이상에서 살펴 본 바와 같이 자연은 관산(觀山)하는 사람의 문화적 배경과 종교적 세계관과 관산자의 의도에 따라 전혀 이질적인 의미로 보여 진다. 그러므로 우리는 산천을 관산할 때, 각기 자기의 눈에 쓰여 있는 수건을 벗어 던져버리고(고후3:16), 또 각자가 끼고 있던 색깔 있는 썬글라스를 벗어내고, 순수무잡지심(純粹無雜之心)으로 산천을 바라볼 수 있을 때, 그 때에야 비로소 산천은 '산은 산, 물은 물'의 '자연' 그대로의 모습을 볼 수 있을 것이다.

한국 기독교 주요 건물의 풍수지리설과의 연관성 문제에 대한 고찰

들어가는 말

풍수지리사상은 한국, 중국 등 동부 아시아 여러 민족의 지형과 기후, 풍토 등 자연에 대한 해석 방법으로 넓은 의미에서의 동양의 고전적 토지관이자 지리학이다.[26] 이를 구태여 세분하면 지형이나 기후, 토양, 산물, 가옥, 도로 등 눈에 보이는 것을 살피는 것은 지리라고 하고, 그 땅의 보이지 않는 성격 곧 지기를 살피는 것을 풍수라고 한다.[27] 이러한 풍수지리학에 음양가의 역술(易術) 이론을 적용하여 특이한 의미를 붙여 해석함에 따라 풍수지리는 일종의 민간신앙처럼 천수 백년 간 이 땅에 전래되어 왔다.

그러던 중 기독교가 이 땅에 전파되면서 풍수지리설은 기독교로부터 미신적 술법으로 간주되어 배척되었으나, 한편 겉으로는 그렇게 외치는 기독교인들도 속으로는 자기 조상만은 양지바른 명지에 묻히기를 바라고 있는 모습을 목격하게 된다.[28]

---

26) 한국문화역사지리학회, 《한국의 전통지리 사상》(서울: 민음사, 1993) 59쪽.
27) 최칭조, 《한국의 풍수사상》 22쪽.

그런데, 선교 초기의 대표적 기독교 건물들인 옛 배재학교 건물, 정동제일교회, 새문안교회, 연세대학교 건물들을 필자가 실측해 본 결과 그 건물의 좌향(坐向)이 풍수지리설의 원리와 그 적용이 우연이라고 간과하기에는 너무도 정확히 일치함을 발견하고 풍수지리설을 믿고 믿지 않고의 차원을 떠나서 이를 해명하는 일은 필요한 일이라는 생각이 들어서 이 글을 쓰게 된 것이다. 이 작업이 기독교의 토착화 연구에 한 단서가 될 수 있을 것이다. 이하 상기의 배재학당, 정동제일교회, 연세대학교의 건물의 좌향과 풍수지리설의 좌향과의 관계되는 점을 중심으로 살펴보기로 하자.

I. 풍수지리설의 역사

원래 풍수의 기원은 거친 비바람을 피하고, 깨끗한 물을 마실 물이 있고, 홍수가 나도 피해를 입지 않고, 또 농사를 지을 물대기에 편리하며, 양지 바른 따뜻한 언덕에 자리를 잡고 살기 시작한 고전적 경제지리적 욕구에서 자연발생적으로 시작되었다. 그러던 것이 보다 좋은 땅을 차지해보려는 생각에서 '감여학(堪輿學, 풍수지리를 다루는 학문)'이 발달되어, 처음에는 '양기풍수(陽基風水, 죽은 자를 묻을 무덤을 찾는 풍수가 아니라, 살아 있는 사람의 기거를 위한 풍수)'에서 시작된 풍수가 나중에는 묘자리를 찾는 음택풍수에 더 치중하게 되었다.

---

28) "한국 갤럽 (한국인의 종교와 종교의식 조사)에 따르면 '명당에 선조의 墓자리를 쓰면 자손이 잘된다'고 인정한 기독교인은 1984년 26.7%, 1989년 38.4%, 1997년 25.7%인 것으로 조사된 바 있다. 송길원, '火葬 문제에 대한 사회문화적 논의'《성경과 신학(제26호)》(서울: 하나, 1999) 11쪽.

중국에서는 풍수지리설 이론이 전국시대(戰國時代) 말엽부터 서서히 시작하여 B.C. 3세기 경 후한(後漢)시대에는 체계화 단계에 이르렀다.29) 이렇게 해서 체계화되기 시작한 풍수는 한대(漢代)에 이르러 성행하였는데, 3세기에 풍수의 고전인 《청오경(靑烏經)》이, 4세기에는 동진(東晉)의 곽박(郭璞)이 지은 《금낭경(金囊經)》이 간행되었다. 당나라에 이르러서는 풍수의 명인으로 양균송, 요금정, 증문적 같은 풍수사들이 나왔다.

우리나라는 한, 당과 교류가 빈번해지면서 중국식 풍수설 이론이 도입되어 백제 온조가 도읍을 정할 때도 한산 부아(負兒)악의 지세를 살펴보고 정하고, 고구려 유리왕도 위나암성의 지세를 살피고 천도했다는 기록도 있고, 석탈해가 왕이 되기 전에 초승달 같이 생긴 길지를 차지했다는 기록도 있으며,30) 경주에 있는 태종무열왕릉은 정확히 풍수의 원리를 이용하여 조성한 무덤이다.

그 후 왕건이 고려를 건국하고 《훈요십조》를 내렸는데, 그 훈요십조 10가지 항목 중 제2, 제5, 제8조는 풍수지리설을 이용해 작성한 조항들로 되어 있다.31) 그 때부터 자리를 잡은 풍수지리설이 조선조를 거쳐 근래에 까지 계승되고 있다.

---

29) 오세종, 《그리스도인이 본 풍수지리설》 22쪽 ; 오상익, 《葬經》(서울: 동학사, 1993) 266쪽.
30) 이병도 역주, 《삼국유사》(서울: 광조출판사, 1975) 38쪽.
31) 최창조, 《한국의 풍수사상》 47쪽

Ⅱ. 풍수지리설의 방술 요점

1) 내맥을 관찰한다.

감별하려는 당처의 지세를 감별하기 위해서는 그 자리가 어떤 지맥을 타고 내려온 곳인가를 관찰한다. 내맥을 관찰하는 데는 '山의 족보'라 할 수 있는 《산경표》[32)29)]에 우리나라 전역의 지세를 일목요연하게 감별할 수 있도록 구성되어 있으므로 그 책을 참고하면 쉽게 파악할 수 있다. 이 글에서는 이 부분에 관한 설명은 생략하기로 한다.

2) 구요법(九曜法)에 의한 산의 성격 판별

이는 약칭 목(木), 화(火), 토(土), 금(金), 수(水) 5행법으로 판별하기도 한다.

3) 형국으로 판단한다.

옥녀단장형이니, 금계포란형이니, 연화부수형이니 하는 사람형, 짐승 모양, 날짐승 모양, 사물 모양 등으로 비정하여 판별하는 법이다.

4) 간룡법(看龍法)에 의하여 용(龍)을 감별한다.

5) 사신사(四神砂)를 관찰한다.

흔히 말하는 북현무, 남주작, 좌청룡, 우백호, 안산, 조산과 주변의 사(砂), 물의 득파(得破), 당판의 형세 등을 보고 판단한다.

---

32) 산경표는 영조 때의 지리학자인 신경준(1712-1781년)이 백두대간을 축으로 한 우리나라 산줄기 체계를 족보 형식으로 기록한 책이다.

6) 혈(穴)의 감별

혈이란 양택으로는 건물이 들어 설 자리, 음택으로는 시신이 들어갈 자리를 말한다. 혈을 감별함에 있어서는 입수(入首), 두뇌, 혈상(穴相), 선익(蟬翼), 전순(氈脣), 명당, 지질, 수맥의 상태 등을 살펴보고 건물이나 시신이 들어 설 자리를 정한다.

7) 좌향(坐向)을 정한다.

위에 열거한 지리 감별법들은 이 글이 성격으로 보나, 또 복잡한 풍수지리 이론을 이 글에서 간단히 설명하기도 쉽지 않은데다, 또 이 글이 성격이 좌향론에 초점이 있는 고로 자세한 설명은 논외로 하려하나, 배재학당이나 정동제일교회, 연세대학교 건물의 경우 그 좌향이 풍수지리설의 좌향과 명백하게 일치하고 있으므로 이 부분에 대해서는 자세한 설명을 요한다.

좌향을 정하는데는 패철이라는 기구를 사용하므로 '패철의 내용'이라는 다른 조항을 설정하여 자세히 설명하고자 한다.

Ⅲ. 패철(佩鐵)의 내용

패철(佩鐵)은 다른 말로는 나경(羅經), 또는 '쇳대' '쇠' '뜬쇠' 등으로 불리는데 일종의 지기의 변화를 고도의 역술(易術)이론으로 측정하는 풍수 도구다. 이 패철의 사용법은 매우 복잡하여 방위는 12방위에서 24방위, 72천산(穿山), 60투지(透地), 120분금까지 나누는 것도 있고, 또 그 반층(盤層)도 5층반(盤), 6층반, 7층반, 9층반, 29층반, 33층반까지 표시한 것도 있다.

좌향을 설정하는 데는 패철의 구도상 안쪽으로부터 바깥쪽을 향하여 1선, 2선, 3선, 4선, 5선 그런 식으로 부르는데 좌향은 제4선에 나타난 글자를 가지고 설정한다.

패칠의 시용은 24방위로 나누어 한곳 한곳에 모두 역술적 의미를 부여하여 그것과 산천의 관계를 설명하는 술법이다.

- 하늘의 기(氣, 天干) :
  "갑·을·병·정·(무·기)·경·신·임·계"
- 땅의 기(氣, 地支) :
  "자·축·인·묘·진·사·오·미·신·유·술·해"
- 앞에서 말한 '하늘의 기'와 '땅의 기'를 합쳐서 그중에서 영적인 것에 해당되는 '무·기(戊·己)'는 빼고, 거기에 건(乾)·곤(坤)·간(艮)·손(巽)을 넣어서 24방위 체계를 갖추었다.

1. 52층 반(盤) 패철(佩鐵)의 내용[33]

- 1층 : 태극.
- 2층 : 선천(先天) 8괘(卦).
- 3층 : 후천(後天) 8괘.
- 4층 : 좌향측정. 구궁자백(九宮紫白). 8괘와 중앙을 합친 '9궁(九宮)'에 자백(紫白)을 붙여서 길흉을 논한다.
- 5층 : 용상팔살(龍上八殺). 내룡맥(來龍脈)의 8가지 살성(殺星)을 살핀다.
- 6층 : 황천수(黃泉水) 8요풍(曜風)을 측정.
- 7층 : 입택문로(入宅門路). 양택의 문의 배치.
- 8층 : 9성(星) 축정. 북두칠성과 보좌별 2성(星).
- 9층 : 선천(先天) 12지(支). 재혈(裁穴).

【지반정침(地盤正針)】

- 10층 : 지반정침(地盤正針). 24방위 표시.
- 11층 : 정음정양(淨陰淨陽). 선천팔괘와 팔괘취상.
- 12층 : 정오행(正五行).
- 13층 : 쌍산삼합오행(雙山三合五行).
- 14층 : 겁살(劫殺). 흉살 측정.
- 15층 : 태골룡(胎骨龍). 육갑납음(六甲納音)으로 천산(穿山)과 투지(透地)와 좌혈(坐穴)의 생극(生剋) 관계를 대조하며 살핀다.
- 16층 : 천산칠십이룡(穿山七十二龍). 지기를 탐측.

---

33) 申坪,《新 羅經硏究》(서울: 동학사, 1999) 참조.

- 17층 : 천산룡본괘(穿山龍本卦). 괘상(卦象) 풀이.
- 18층 : 정침 120분금(分金). 입수맥의 연장 관측.
- 19층 : 분금괘(分金卦). 좌향.
- 20층 : 240분수(分數). 천산룡(穿山龍)과 투지룡(透地龍)과 분금 등, 분수(分數)측정.
- 21층 : 360도(度). 24산(山)을 360도 선(線)으로 분류.
- 22층 : 육십룡좌혈(六十龍坐穴).
- 23층 : 분야(分野).
- 24층 : 태양주천(太陽周天).
- 25층 : 등명십이월장(登明十二月將). 24절기와 표리(表裏) 관계.
- 26층 : 궁차십이신(宮次十二神).
- 27층 : 태양궁사(太陽宮舍).

【인반중침(人盤中針)】

- 28층 : 인반중침(人盤中針). 천성(天星)의 이기(理氣)를 측량하여 사(砂)의 기운을 헤아린다. (당판의 세勢, 혈의 세勢)
- 29층 : 투지육십룡(透地六十龍). 투지(透地)는 천기(天氣). 하늘의 기를 60룡으로 배분.
- 30층 : 납음오행(納音五行). 60갑자 납음해(納音解).
- 31층 : 투지룡괘(透地龍卦). 24절기에 적용한다.
- 32층 : 이십사절기(二十四節氣).
- 33층 : 이십팔수(二十八宿).
- 34층 : 이십팔수도(二十八宿度).

- 35층 : 이십팔수수(二十八宿獸).
- 36층 : 이십팔수 오행(二十八宿五行).
- 37층 : 관산금지세수(管山禽持世宿). 관산금(管山禽)과 지세수(持世宿)와의 생극(生剋)관계를 살핀다.
- 38층 : 성도오행(星度五行).
- 39층 : 팔문(八門). 팔문신장(八門神將)의 길흉.
- 40층 : 기갑자(起甲子).
- 41층 : 삼기(三奇). 둔갑법의 을병정(乙兵丁)을 관찰.
- 42층 : 사길(四吉). 금목일월(金水日月).
- 43층 : 녹(祿)·마(馬)·귀인(貴人).
- 44층 : 육친(六親).
- 45층 : 이십사천성(二十四天星).
- 46층 : 대현공괘오행(大玄空卦五行).
- 47층 : 소현공오행(小玄空五行).
- 48층 : 홍범오행(洪範五行).
- 49층 : 삼길육수(三吉六秀). 3길(吉)·6수(秀) 봉우리 관찰.

【천반봉침(天盤縫針)】

- 50층 : 천반봉침(天盤縫針). 천반(天盤)은 선천(先天) 하도(河圖)의 체(體). 봉침(縫針)은 후천(後天) 낙서(洛書)의 용(用).
- 51층 : 봉침분금(逢針分金). '봉침'과 '분금'은 서로가 7.5도(度) 차이가 난다. 이 둘을 대조하며 관측한다.
- 52층 : 충록대(沖祿大)·소황천(小黃泉). '살인대황천(殺人大黃泉)'이라고 한다.

2. 6층반(盤) 패철의 내용

패철을 사용할 때에 52층반의 의미를 전부 이해할 만한 이도 많지 않고, 실제로 그것을 적용하여 측정할 경우도 거의 없기 때문에 오늘날의 풍수가들은 보통 '9층반(盤) 패철'을 사용하고 있다. 그런데 '9층반 패철'도 실제 현장에서는 다 적용하는 경우가 그리 흔치 않아서 일반적으로 '6층반(盤) 패철'을 사용한다.

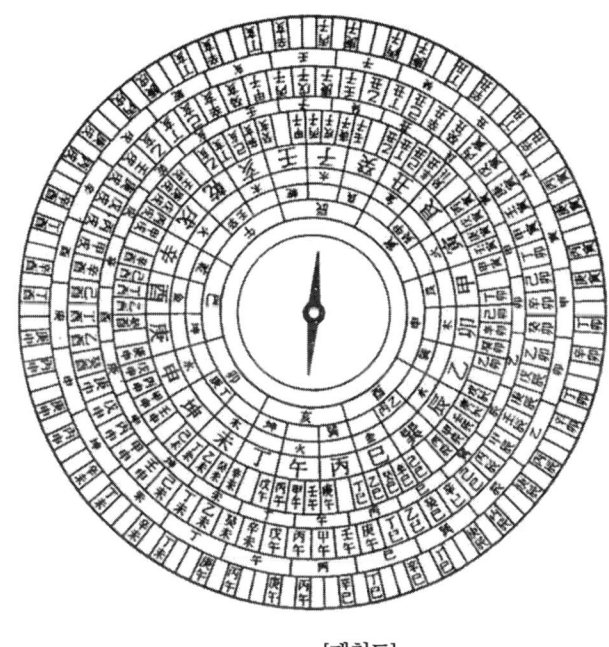

[패철도]

1) 6층반(盤) 패철의 내용

① 제1층반 : 수맥 측정(황천수黃泉水)

② 제2층반 : 바람의 피해 측정(팔요풍八曜風)

③ 제3층반 : 오행법(五行法)을 이용한 예단(豫斷)

④ 제4층반 : 좌향(坐向) 측정
⑤ 제5층반 : 재혈, 분금법(分金法)에 사용
⑥ 제6층반 : 24방(方) 측정 등에 사용한다.

2) 패철의 사용법 ; 제4층반을 이용하여 좌향(坐向)을 정함.

우선 자오방(子午方)을 기준으로 삼고, 패철의 제4층반(盤)을 살펴 그 당처(當處)의 좌향을 정한다.

풍수에서 추구하는 이상은 '벼슬에 오르는 것' '부자가 되는 것' '자손이 번성하는 것' 이 세 가지다.

불배합은 피하여 인패, 재패, 병패가 생기지 않기를 기대하며, 한편 이상적인 배합절의 좌향에 건물이나 시신을 놓아 또한 그렇게 되기를 기구(祈求)하는 것이 풍수지리 '좌향론'의 실체다.

Ⅳ. 기독교 주요 건물의 방위와 풍수지리설의 좌향과의 관계에 대하여

1. 풍수지리상의 내맥

한반도는 태조산을 그 조종으로 하여 전역을 이해한다. 서울의 지맥도 태조산인 백두산을 시발로 하여 남으로 내려뻗어 강원도 북쪽의 철령(仲祖山), 분수령(회양)에서 서남쪽으로 꺾어 내려와 대성산, 백운산(近祖山)을 거쳐 강씨봉, 가평의 청계산, 현등산, 거쳐 포천에서 의정부로 축석고개와 불곡산, 홍봉산을 지나 도봉산을 이루었다. 그 도봉산 줄기는 우이령에서 잠시 고개를 숙였다가 멀리 한강을 바라보면서 한껏 남근처럼 기세를 뽐으며 솟아올라 인수봉(810m), 백운대(836m), 만경대(800m)가 삼각으로 솟아있다.

그 남쪽으로 보현봉에서 형제봉을 거쳐 그 아래로 북악터널에서 과협(기를 모아 연결하는 지점)을 놓고 경복궁의 주산인 북악산에 와서 도읍의 혈을 이루었다.[34]

정동제일교회나 배재학당 자리는 북악의 우백호인 인왕산 내맥이 남쪽으로 내려와 덕수궁을 이루는 지맥에 자리하고 있다.

연세대학교 자리는 정동제일교회나 배재학당 지맥과는 달리 삼각산(북한산) - 비봉(碑峯) - 대조동, 녹번동을 지나 백련산(白蓮山, 215m) - 모악(母岳, 또는 毋岳, 296m)을 주산으로 하여 그 혈을 이루었다. 이성

---
34) 신경준 저 (박용수 해설), 《山經表》(서울: 푸른 산, 1990) ; 오세종, op. cit. 186쪽.

계가 조선을 창업할 때 수도를 개성에서 어디로 전도(奠都)할 것이냐? 하는 문제로 논란이 많았었다. 권중화는 '계룡산 신도안 전도설'을, 하륜은 '모악 전도설(지금의 奉元寺 자리로 추정)'을, 무학은 인왕산 아래 '유좌묘향(酉坐卯向)설'을 주장하였으나, 모악 땅은 '지형이 협소하고 또 풍수지리적 결함이 많다'는 반대로 인해 마침내 지금의 경복궁 자리로 정도하게 되었다.35)

2. 배재학당의 건물

감리교 선교사인 아펜젤러 선교사가 내한하여 세운 우리나라 최초의 신식 교육기관인 배재학당은 정동 34번지에 당시 미화 568불(한화 7,250냥)을 주고 안기영(安驥泳)의 집을 사서 두 방의 벽을 헐어 하나로 만들어 이를 서재 겸 교실로 사용하다가, 학생 수가 증가함에 따라 고덕동으로 이전하기 전까지 수위실로 쓰던 뒷자리에 있던 김봉석(金奉石)의 기와집 100평과 대지 100평을 미화 388불(한화 6,250냥)을 주고 사들이고, 이어서 부근 초가와 기와집과 향나무(東교사 옆에 남아 있음)까지 합쳐 3,000냥을 주고 교사를 분산하였다.36)

곧이어 한국 최초의 르네상스식 '벽돌 양옥 교사'를 1887년 8월 공사를 시작하여 동년 12월 1일 낙성하였는데, 이 공사 감독은 아펜젤러의 어학선생으로 있던 송헌성(宋憲成)이 맡고, 공사는 도편수 심의석과 그 밑에 김덕보(金德甫)라는 목수가 맡아서 했다.37)

---

35) 《월간 역학》(1993, 9월호, 통권 38호) 11쪽 ; 최창조, 《한국의 풍수 사상》 246쪽. ; 오세종, 《그리스도인이 본 풍수지리설》 177-195쪽.
36) 《배재 80년사》(서울: 배재학당, 1965) 98쪽, 109쪽.

그 후 1907년 초에는 옛 당사의 내부 복도를 없애 버리는 등 구조를 개조하고 수리하는 공사를 하였고,38) 1914년 5월에는 동쪽에 동교사(東校舍)를 착공하여 1917년 3월 준공하였으며,39) 1922년 4월에 서쪽에 서교사(西校舍)를 착공하여 1923년 3월에 준공하였다.40)

필자가 정동에 있는 옛 배재학교 건물을 실측해 보니41) 중앙에 있는 건물은 정확하게 자좌오향(子坐午向)에 자리하고 있었고, 東교사는 좌향은 한 치의 오차도 없는 묘좌유향(卯坐酉向)에 위치했으며, 西교사 또한 정확하게 풍수의 좌향에 맞는 유좌묘향(酉坐卯向)으로 자리하고 있었다.42)

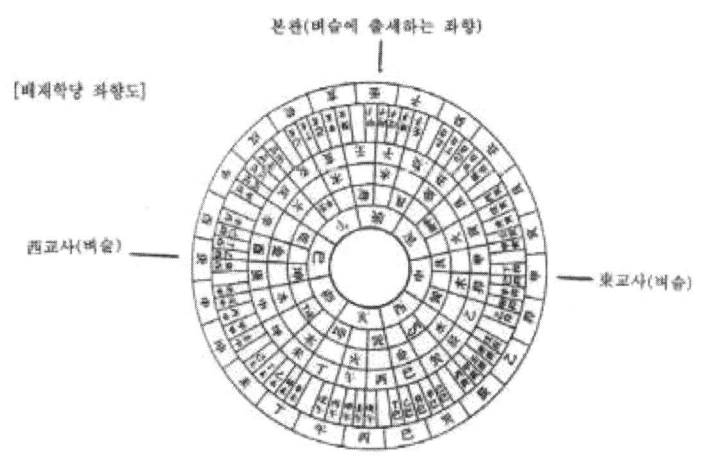

---

37) 《배재 80년사》 114쪽. 심의석은 배재학당을 지은 것이 계기가 되어 내무아문(內務衙門)의 기사가 되었다
38) 《배재 80년사》 334쪽.
39) 《배재 80년사》 401-2쪽.
40) 《배재 80년사》 484쪽.
41) 옛 배재학교 건물과 정동제일교회 문화재 예배당과 새문안교회 예배당 건물 실측에는 필자의 家豚 오흥석 군이 동참하였다.
42) 오세종, 《그리스도인이 본 풍수지리설》 201쪽.

이는 건물을 설계하고 건축하는 과정에서 당시의 교회 지도자들이 의도적으로 그렇게 한 것인지(당시 교회 지도자들 중에 그런 정도의 풍수지리설의 식견을 가졌던 이들도 있었을 것이다), 아니면 건축 실무자들이 하는 대로 그대로 묵인한 것인지에 대해서는 미상이다. 중앙 건물은 애초에 사들였던 안기영의 집이 옛 풍수의 좌향(子坐午向)에 따라 지었던 집을 배재학당이 그대로 사용하다가 개축한 것이니 자연스럽게 그 좌향을 그대로 따른 것으로 보이나, 東교사, 西교사의 좌향은 분명히 풍수의 패철을 이용하여 좌향을 정확히 맞추어 건축한 것이라 하겠다.

3. 정동제일교회 문화재 예배당

1885년 4월 5일 인천에 도착한 감리교 선교사 아펜젤러는 정정의 불안으로 잠시 일본으로 돌아갔다가 다시 들어와 그해 7월 29일 서울에 도착하여,[43] 1886년 6월 8일에 아펜젤러가 3명의 학생에게 영어를 가르치기 시작하여 배재학당이 시작되었고,[44] 6월 15일에는 정동에 스크랜턴으로 하여금 시(施)병원을 정식으로 개원하였고, 11월에는 여학생 4명이 입학하여 이화학당이 시작되었으며,[45] 그동안 선교사 가족을 중심으로 주일예배를 드리기 시작하여(서울연합교회라고 칭함, 아펜젤러가 담임 목사),[46] 1885년 10월 11일에 첫 성만찬을 거행하였으며, 1887년 2월 27일에는 연합예배에 배재학당과 이화학당 학생과

---

43) 유동식, 《정동제일교회의 역사》(서울: 기독교대한감리회 정동제일교회, 1992) 40쪽.
44) 유동식, 《정동제일교회의 역사》 43쪽.
45) 유동식, 《정동제일교회의 역사》 41쪽.
46) 유동식, 《정동제일교회의 역사》 47쪽.

직원들, 광혜원과 정동병원에 관계된 한국인들이 예배에 대거 참석하기 시작했다. 이를 토대로 마침내 1887년 10월 9일 정동제일교회(당시 이름은 벧엘교회)가 시작되었다.47) 건축 사업은 1895년 8월 7일에 착공하여, 9월 9일에 스크랜턴 감리사의 집례로 정초식을 거행하여, 1896년에 지붕을 씌웠고, 1897년 6월에 거의 완공되어 배재학당 졸업식을 여기서 거행하였으며, 10월 3일에는 교인들이 입당하고, 1897년 12월 26일 헌당예배를 드렸다.48)

정동제일교회 이 문화재 예배당은 그 건물의 좌향이 정확히 곤좌건향(坤坐乾向, 胎脈)에 일치한다.49)

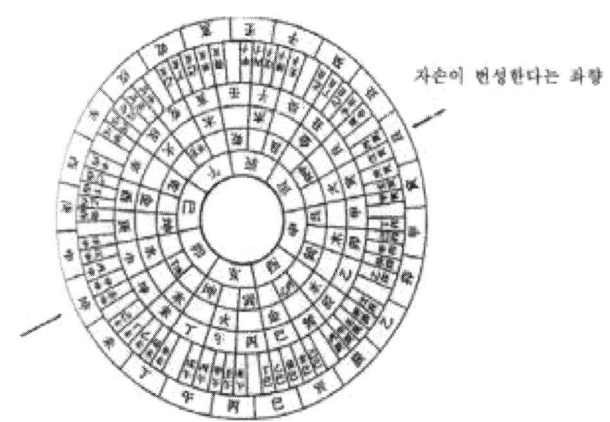

---

47) 유동식, 《정동제일교회의 역사》 40쪽.
48) 유동식, 《정동제일교회의 역사》 86쪽.
49) 현재의 정동제일교회 문화재 예배당 건물은 정동제일교회 출신 古건물 건축가 윤남순이 2002. 3월 리모델링 공사를 완공했다.

4. 연세대학교의 건물[50]

연세대학교가 자리하고 있는 곳은 조선조 초 하륜(河崙)이 소위 '모악(母岳) 명당'이라 하여 수도를 이곳에 전도(奠都)하려 했던 길지로 꼽던 곳이다.[51] 이 터에 자리 잡은 연세대학교 건물을 하나의 예외도 없이 모두 풍수지리설의 좌향에 맞춰 그 건물이 세워져 있다.

1) 대학원 교사(校舍 ; 스팀슨관, Stimson Hall)

사적 제275호로 지정되어 있는 연세대학교 스팀슨관은 1919년 4월 착공하여 1920년 8월에 준공한 석조 준고딕식 2층 건물인데, 연세대학교에 최초로 세워진 교사다.

[대학원 좌향도]

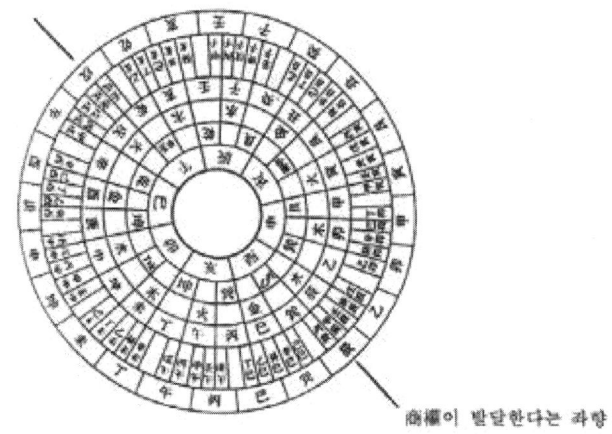

商權이 발달한다는 좌향

---

50) 연세대학교 내의 건물의 좌향 실측에는 命風 田溶春목사도 참여한 바 있다.
51) 임덕순, 《알고 띠나는 국도 순례》(서울: 집문낭, 1995) 61쪽.

이 학교의 설립자인 언더우드 목사가 고향인 미국으로 돌아가 교사 건축을 위해 로스앤젤레스에 거주하던 '찰스 스팀슨'의 기부금을 얻어 놓고 세상을 떠난 후, 후임 교장인 에비슨이 그 기부금으로 건립한 교사다. 미망인 언더우드 부인이 초석을 놓았고, 당시 화학과 교수인 밀러가 공사 감독하여 이 건물을 지었다. 그 좌향(坐向)은 술좌진향(戌坐辰向)에 정확히 자리하고 있다.

2) 대학 본관 (언더우드관, Underwood Hall)

사적 제276호로 지정되어 있는 연세대학교 대학 본관인 언더우드관은 스팀슨관의 착공 2년 뒤인 1921년 4월에 착공하여 1924년 3월에 준공한 석조 준고딕식 4층 건물인데, 아펜젤러관과 함께 연세대학교에서 두 번째로 세워진 교사다.

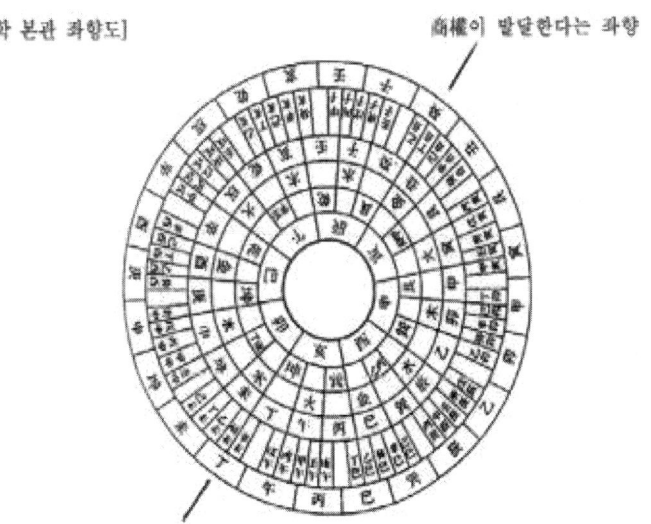

[대학 본관 좌향도]   商權이 발달한다는 좌향

초대 교장이던 언더우드 목사의 업적과 그 인격을 추모하기 위해 그의 백씨 J. T. Underwood의 기부금으로 건립한 것이다. 언더우드 목사의 장남 원한경 교수가 초석을 놓았고, 당시 화학과 교수인 밀러가 공사를 감독하여 이 건물을 지었다. 그 좌향은 축좌미향(丑坐未向)에 정확이 맞춰 세워져 있다.

3) 신과대학 교사 (아펜젤러관, Apenzeller Hall)

사적 제277호인 아펜젤러관은 언더우드관과 같은 때인 1921년 4월에 착공하여 1924년 3월에 준공한 석조 준고딕식 3층 건물이다. 1921년 10월 당시 북(北)감리교회 웰취 감독이 초석을 놓았고, 이 건물 역시 밀러 교수가 공사 감독을 맡아 건축하였다. 이 건물의 좌향 을좌신향(乙坐辛向)에 정확히 맞춰져 있다.

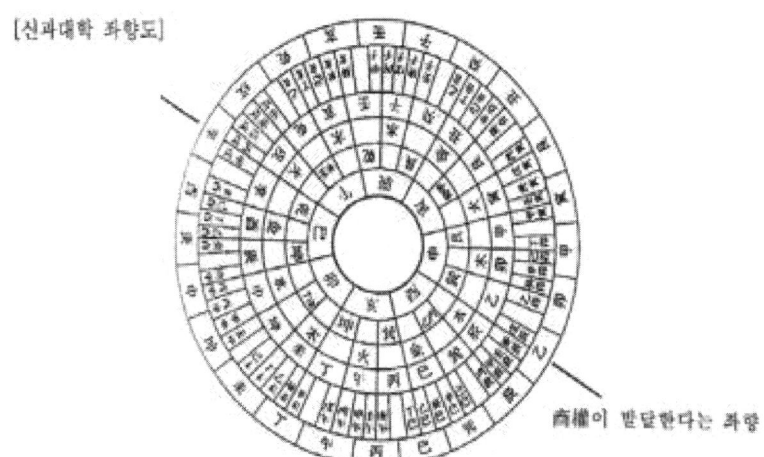

[신과대학 좌향도]

商業이 발달한다는 좌향

4) 연합신학대학원 교사

연합신학대학원(The United Graduate School of Theology)은 한국의 각 신학대학에 대학원이 설치되어 있지 않던 1964년 2월, WCC의 신학교육위원회의 재정적인 도움을 받아 감리교신학대학, 장로회신학대학, 한국신학대학, 연세대학교 신과대학이 협동하여 연세대학교 안에 세운 한국 최초의 신학대학원이며, 연합신학대학원 건물은 화강암 석조 건물로 1964년 2월 1일에 착공하여 동년 12월 1일 준공하였다.52) '종합건축사무소'가 설계와 감독을 하고 주식회사 효성(그 사장은 연동교회 집사 김한성)이 공사 도급을 맡아 건축했는데, 그 좌향은 술좌진향(戌坐辰向)이다.49)

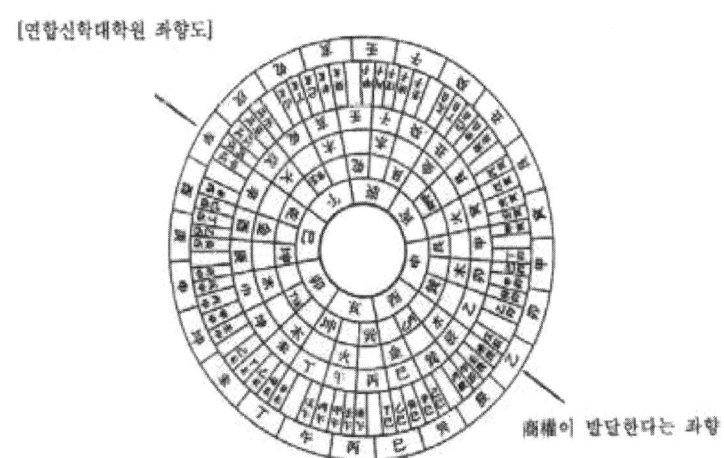

[연합신학대학원 좌향도]

---

52) 이 건물 신축을 위해 건물을 철거하자 신축을 반대하는 교수들이 "이 일대는 연세대의 옛 모습을 간직하고 있어 문화적 환경적 가치가 막대하다"며 천막을 치고 농성을 벌였다. 이에 대해 신과대학 교수들과 동문들은 2003. 2. 3일 "신학관 신축은 30년 전부터 열망해 온 일로서, 병원 등 다른 건물의 자연 훼손에는 눈 감고 있다가 유독 신학관만 문제 삼는 것은 진실하지 못한 태도"라며 신축을 지지하였다. 《국민일보》 (2003년 2월 6일자)

5) 루즈 채플

연세대학교의 교회인 '루즈 채플' 자리는 원래 조선조 영조의 후궁인 영빈(暎嬪) 李씨의 원묘(수경원, 綏慶園)이 있던 자리다. 영빈 이씨는 1남 6여를 두었는데, 그 외아들이 유명한 사도세자다. 수경원은 1969년 경기도 고양군 신도읍에 있는 서오릉으로 옮기고,53) 그 봉분이 있던 자리에 1974년 대학교회인 루즈 채플을 세웠는데 좌향은 을좌신향(乙坐辛向)으로 아펜젤러관과 그 좌향이 똑같다.54) 그런데, 수경궁의 부속건물인 정자각(丁字閣)과 비각(碑閣)의 좌향이 묘좌유향(卯坐酉向)인 것으로 보아 원래 수경원의 좌향도 묘좌유향이었을 것으로 보이나, 루즈 채플을 지을 때 묘좌유향을 따르지 않고 아펜젤러관과 동일 좌향에 건물을 배치하여 지었다.

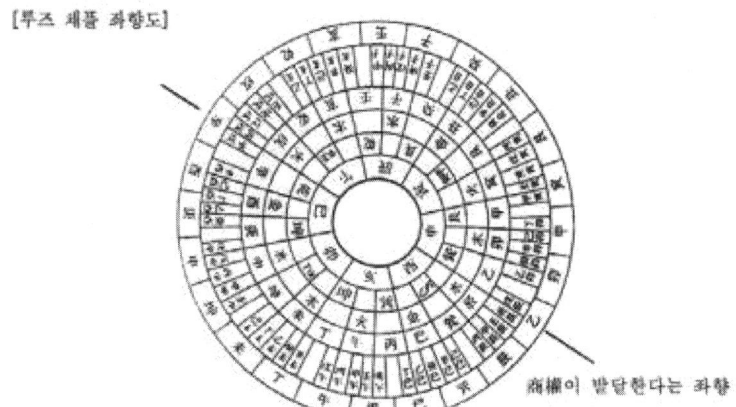

[루즈 채플 좌향도]

商權이 발달한다는 좌향

---

53) 수경원을 옮길 때 그 터에서 誌石과 皿器, 白磁가 출토되었는데, 그 명기는 현재 연세대학교 박물관 민속실에 소장되어 있다.
54) 수경원의 부속 건물인 丁字閣과 碑閣의 좌향이 卯坐酉向인 것으로 보아 수경원의 원래 좌향도 묘좌유향이 였던 것으로 보인다.

6) 광혜원(廣惠院)

광혜원은 1885년 4월 10일에 개원한 우리 나라 최초의 현대식 병원이자 연세학원의 연원(淵源)이 되는 기관으로서, 처음에는 재동에 있는 홍영식의 저택을 사용하였으나 세월이 흐름에 따라 그 건물의 형식조차 찾을 수 없게 되자 연세대학교 창립 100주년 기념사업의 하나로 1987년 4월 10일 실물 크기로 목조 한옥을 그대로 복원한 것이다. 복원한 이 광혜원의 좌향도 묘좌유향(卯坐酉向)의 풍수지리 좌향에 정확이 맞춰 세웠다.

이상에서 고찰한 연세대학교 안에 현존하는 주요 건물들의 좌향을 다시 일람하여 정리하면 다음과 같다.

대학원 (1919년 기공)	: 술좌진향
대학 본관 (1921년)	: 축좌미향
신과대학 (1921년)	: 을좌신향
연합신학대학원(1964년)	: 술좌진향
루즈 채플 (1974년)	: 을좌신향
광혜원(1987년)	: 묘좌신향

이 실측을 통해 수복되는 것은 1919년에 짓기 시작한 대학원 건물에서부터 1987년 광혜원 복원까지 70여 년 동안 지은 연세대학교의 주요 건물을 하나도 어김없이 풍수의 좌향에 맞춰 건축했다는 점이다.

맺는 말

　기독교가 이 땅에 전래된 후 이 땅에 신앙처럼 풍미하던 풍수지리설을 미신으로 간주하고 타파해왔다. 간혹 지형을 기준으로 판별하는 형기(形氣) 풍수론은 생태학과 연관하여 인용되는 경우가 있으나, 패철을 사용하는 이기(理氣) 풍수론은 역술의 미신적 요소가 농후하기 때문에 배격되어 왔다. 그런데 여기서 매우 흥미로운 것은 이상에서 살펴본 바대로 한국 기독교 전래 초기부터 설립하여 기독교의 대표적인 기관이요 건물들인 배재학당, 배화여고, 정동제일교회, 새문안교회, 연세대학교의 교사와 예배당 건축물이 하나도 빠짐없이 모두가 풍수지리에서 좌향을 설정하는 패철을 사용하여 건물의 방향을 지었다는 사실이다.

　이를 다시 일목요연하게 정리해 보면

● 배재학교(1887년)
　중앙건물 : 자좌오향 (권력, 관직, 벼슬, 출세하는 좌향)
　東교사(1914년) : 묘좌유향 (관직, 벼슬, 출세하는 좌향)
　西교사(1922년) : 유좌묘향 (관직, 벼슬, 출세하는 좌향)

● 정동제일교회 문화재 예배당(1895년)
　곤좌건향 (자손이 번성하는 좌향, 손맥孫脈)

● 연세대학교
- 대학원 (1919 기공) : 술좌진향(사업가, 상권이 발달하고 부자를 배출하는 재맥財脈, 고맥庫脈)
- 대학본관 (1921년) : 축좌미향(사업가, 재맥財脈, 고맥庫脈)
- 신과대학 (1921년) : 을좌신향(사업가, 고맥庫脈, 재맥財脈)
- 연합신학대학원 (1964년) : 술좌진향(사업가, 고맥庫脈, 재맥財脈)
- 루즈 채플 (1974년) : 을좌신향(사업가, 고맥庫脈, 재맥財脈)
- 광혜원 (1987년) : 묘좌유향 (벼슬, 관직)

그 밖에도 장로교 새문안교회, 배화여자고등학교, 양화진 외국인 묘지 등에서 풍수의 패철 원리를 적용한 흔적을 찾아 볼 수 있다.

이상에서 고찰한 바를 정리해 보면 매우 흥미로운 몇 가지 결과를 보게 된다.

첫째는 위에 열거한 12개의 기독교의 대표적인 건물들이 예외 없이 모두 풍수지리의 좌향에 따라 건축물의 좌향을 설정하여 건축했다는 점이다.

둘째로는 배재학교의 경우 세 건물 모두 '벼슬길에 나아가 출세하는 좌향이고, 한국의 모(母) 교회인 정동제일교회의 경우는 자손(교인)이 많이 번성하는 좌향에 세워져 있으며, 연세대학교의 경우 근래에 세운 (1987년) 광혜원 건물 이외에는 모두가 하나의 예외도 없이 사업기의 재벌이 나오고, 상권(商權)이 발달하는 좌향에 건물의 좌향을 설정했다. 이와 같이 어느 한두 개 건물만이 그런 것이 아니고, 12개의 건물이 한결 같이 풍수지리설의 좌향론과 일치하는 것은 우연의 일치라고 할 수 없는 일이다. 이는 교회 측이든 건축자이든 (또는 교회 측에서 건축자들이 행하는 일을 묵인했던지) 누군가가 의도적으로 그렇게 한 것이라고 밖에 말하지 않을 수 없다.

반드시 풍수설 때문에 그런 것만은 아니겠지만, 벼슬길(권력)에서 출세하는 좌향에 설립한 배재학교에서 이승만(대통령), 여운형 같은 정치가, 신흥우 같은 외교가가 나왔고, 자손이 번성하는 좌향에 설치한 정동제일교회에서 시작된 한국의 감리교회가 지금에는 천 수 백 개의 교회와 수 백 만이 넘는 교세로 번성하였고, 상권이 발전할 좌향에 위치한 연세대학교는 상과대학이 유명했고, 또 그 학교 출신의 유수한 기업가들이 괄목하게 활동하고 있는 실정이니 이는 매우 흥미로운 일임에는 틀림없다.

풍수에는 두 개의 학문 성향이 있다. 하나는 지리의 형세를 중시하는 형가(形家)가 있고, 다른 한 파는 패철을 중시하는 법가(法家, 방위학파)가 있다.55) 형국론은 다분히 사실적 판단이 강조되나 좌향을 중시하는 패철론은 고도의 역술(易術) 이론을 적용하여 감별하는 까닭에 그 술법이 다분히 숙명론적이고 미신적이다. 옛 유학자들인 정명도(程明道), 장횡거, 오징(吳澄) 등 중국의 성리학자들과 조선조 세종 때 집현전 교리였던 어효첨(魚孝瞻, 1405-1475)56)과 이율곡, 정약용도 풍수지리설의 폐단을 지적했으니,57) 오늘의 풍수학인들도 율곡이나 다산의

---

55) 좌향을 중시하는 방위학파는 중국에서 주로 강북 계통의 풍수로 一云 福建派, 宗廟파, 이기론파, 尾宅法, 방위학파, 패철론 등으로 불리우는데, 우리나라로 유입될 때는 주로 북방 고구려 루트로 유입되어 널리 퍼졌고, 오늘 날에는 호남 풍수가 이를 강조하는 편이며, 한편 형세를 중시하는 파는 一云 江西波, 關西法, 형기론 등으로 불리는 데 주로 중국의 강남에서 발달하여 우리 나라로 유입될 때는 신라 삼국통일 후 남방 루트로 들어와 주로 영남쪽에서 유행하였다. 오세종, 《그리스도인이 본 풍수지리설》 24쪽.
56) 어효첨은 풍수론에 반대하는 '論風水疏'라는 상소를 올리기도 했다. (조선왕조실록, 세종 26년 11월 甲午조)

경계에 귀를 기울여야 할 것이다.58) 그럼에도 불구하고, 풍수지리설을 미신으로 배척해온 기독교의 대표적인 건물들인 배재학당, 연세대학교, 정동제일교회 문화재예배당, 배화여대, 장로교 새문안교회 건물들의 좌향이 풍수의 좌향에 일치하는 것은 예배당과 건물이 풍수지리설과 습합(褶合)한 토착화의 실제적 현장임을 부인할 수는 없다.

---

57) 오세종, 《그리스도인이 본 풍수지리설》 253-254쪽.
58) 필자는 '화장'을 권장하는데 대한 신학적 해명을 《기독교 사상》(통권 483호)(1999. 3월호, 대한기독교서회), 118-129쪽과 《기독교세계》(통권 832호)(1999. 4월호, 독교대한감리회), 20-22쪽에 이미 발표한 바 있다.

오리엔테이션(Orientation)

1. 중세 서구의 주요 그리스도교의 건물들은 '해 뜨는 곳(東向)'을 향해 있다.

　서구의 오랜 그리스도교(기독교)의 건물들은 '해뜨는 동방'을 향하고 있다.

　고대 로마시대에 건축된 성당건축의 오리엔테이션(orientation)[59] 원리는 어거스틴 시대의 건축 이론가인 '비투르비우스(Vitruvius)'에 의해서 확립되었다.

　이들 성전건물의 오리엔테이션을 결정하는 데는 태양과 나침반을 사용했다.[60] 이때 사용한 나침반이 동양의 풍수지리술에서 사용하는 음양오행설에 근거하여 제작된 세밀한 술법을 표시한 것이라고 할 수 없지만, 나침반의 기본원리는 동서를 막론하고 자오선(子午線)을 기본으로 하고 있기 때문에 패철에서 표시하는 자오묘유(子午卯酉) 동서남북의 원리와 일

---

[59] 'orientation'이란 ① 예배당의 '제단'을 태양이 떠오르는 동쪽에 세우는 일. ② 또 하나는, 시신의 발을 동쪽으로 향하게 하는 것을 말함이다. 《엣센스 英韓辭典》(서울: 民衆書林, 1992)
[60] 나침반의 기원에 대해 이설(異說)이 많지만, 대체로 B.C. 2세기 경에 중국 한(漢)나라 때 발명한 것이 후에 서양에 전파되었다고 한다. 《회남자(淮南子)》에 "자석이 쇠를 끌어당기는 것은 해바라기가 해를 따르는 것과 같다"라는 구절을 그 근거로 제시하고 있다. 오세풍, 《그리스도인이 본 풍수지리설》 158쪽.

치한다.

비투르비우스는 그의 역저 《건축에 관한 10권의 책들(Ten Books on Architecture)》에서 이렇게 말했습니다.61) "하나님을 모시는 성당에서 천상의 4분 중 서쪽을 향해야 하는 것은 헌물이나 희생물을 바치려는 이가 성찬대에 접근하고자 할 때, 성당에 안치된 소상(塑像)을 보려면 해가 뜨는 방향인 동쪽을 취하기 때문이다. 그러므로 자신의 서원을 보증 받으려는 이는 태양이 떠오르는 곳을 바라볼 수 있는 것이다."62)

2. 이스라엘의 성당·교회의 건물들은 패철의 좌향과 일치한다.

1) 이스라엘의 성당·교회들의 좌향

(1) 성 요셉교회·마리아 탄생교회·베들레헴 예수탄생교회·오병이어교회의 좌향은 모두 '유좌묘향(酉坐卯向)'이다.

- 나사렛 성(聖) 요셉교회 ; 묘좌유향(卯坐酉向)
- 마리아 탄생교회 ; 묘좌유향(卯坐酉向)
- 베들레헴 예수탄생교회 ; 묘좌유향(卯坐酉向)
- 갈릴리 오병이어교회 ; 묘좌유향(卯坐酉向)

그리스도교에서는 패철을 사용하는 풍수지리술을 미신적 행태로 보고, 그 술법을 비판하며 배척했다. 하지만 필자가 실제로 한국 개신교의 초기

---

61) Nigel Pennick 지음, 최창조 옮김, 《서양의 고대 풍수학》(서울: 민음사, 2016) 144쪽.
62) Nigel Pennick 지음, 최창조 옮김, 《서양의 고대 풍수학》 144쪽.

건물 몇을 측정해 보니 그 중에는 패철의 좌향과 그 배치 좌향이 적확히 일치하는 것을 보았다.

그런데 더욱 놀라운 것은 이스라엘의 그리스도교 주요 성당이나 교회들도 그 좌향이 풍수지리에서 사용하는 패철의 좌향과 일치하고 있다는 것이다. 이스라엘의 주요 그리스도교 건물이나 성당을 풍수의 패철로 직접 측정한 일은 아마도 거의 찾아볼 수 없었던 최초의 일이라 할 것이다.

이제 이스라엘에서 측정한 내용에 대해 구체적으로 설명해 보겠다.63)

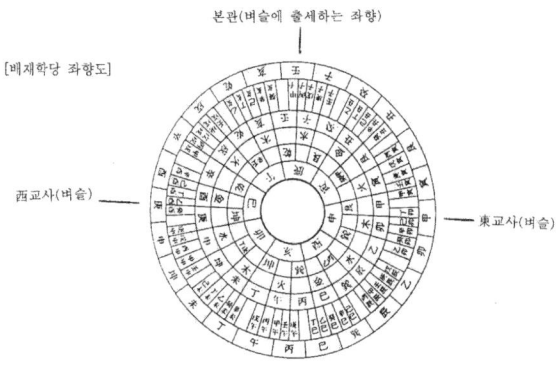

바로 위의 그림은 '배재학당'의 '좌향도'인데 '묘좌유향(卯坐酉向)'이다. 그리고 2020년 8월 필자가 운영하는 '그리스도교 목회자들의 한문글방'인 '천호서당'의 재생(齋生)들이 성지순례를 하면서 탐측한 교회와 성당의 좌향이기도 하다. 우리 일행이 방문한 교회 중에서 여섯 곳이 '묘좌유향

---

63) 이스라엘의 예루살렘 등 그리스도교의 주요 성당이나 교회의 좌향 측정에는 '천호서당'(강주 오세종 목사)의 《청오경(靑烏經)》 강독에 참석했던 신동수 장이규 이선아 장하림 오흥석 정지태 김성운 목사 등이 '2022년 8월 26일에서 9월 1일'에 실측한 자료이나.

(卯坐酉向)'에 적확하게 배치되어 있었다. 앞서 열거한 ① 나사렛의 '마리아 수태고지교회', ② 성 요셉교회, ③ 베들레헴의 '예수탄생교회', ④ 마리아 탄생교회, ⑤ 갈릴리의 오병이어교회, ⑥ 예루살렘의 '겟세마네 동산교회' 등이다. 이는 예루살렘 성을 향하여 건축된 '좌향'이라고 볼 수 있다.

성지의 성당과 교회들의 좌향이 거의가 다 '묘좌유향'이라니! 이는 우연의 일치라고 볼 수 없는 놀라운 일이다.

(2) 가버나움 회당, 갈릴리의 베드로 수위권교회 ; '자좌오향(子坐午向)'

갈릴리의 가버나움 회당은 그 좌향이 '자좌오향(子坐午向)'이고, '베드로 수위권교회'도 역시 '자좌오향'이다.

좌향에 맞춰서 패철을 이용하여 건축되어 있다.

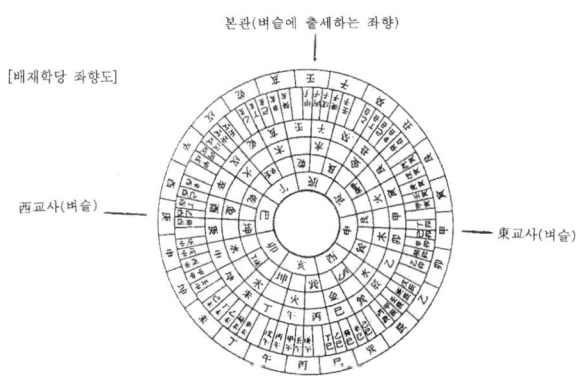

(3) 주기도문 교회, 마리아 기념교회 ; 간좌곤향(艮坐坤向)

'주기도문교회'와 '마리아 무덤기념교회'는 그 좌향이 '간좌곤향(艮坐

坤向)'이다. 간좌곤향은 자손이 대대로 번성한다고 풀이한다.

아펜젤러 선교사가 우리나라에서 제일 먼저 세운 교회가 정동제일교회이다. 이 교회의 오래된 문화재 예배당이 바로 '간좌곤향'에 세워져 있다.

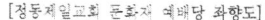
[정동제일교회 문화재 예배당 좌향도]

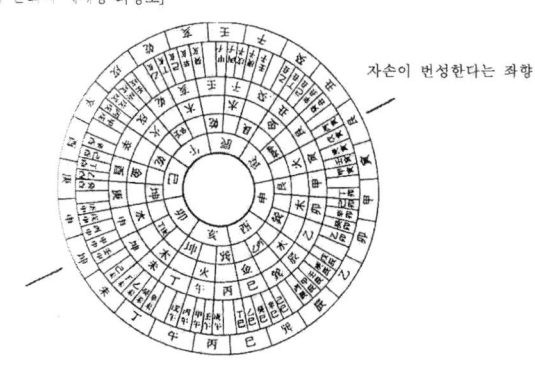

(4) 회당, 시나고그(Synagogue)

회당(시나고그)은 다음과 같은 기능을 가지고 있다.

① 첫째, 회당은 '케네시 요트'라고 해서, 유대인들의 마을회관 같은 곳이다. 교육, 회의, 기도 등을 행하는 공회당 같은 집회장소로 사용되었다.

② 둘째, 〈이사야서〉에서는 회당을 '기도하는 집(베트 데필라)'라 했다.

③ 셋째, '하기오 토포스(hagio topos)'라 하여 예배를 드리는 거룩한 장소로 사용되었다.

가버나움의 회당은 자기의 하인을 고쳐 달라고 간구한 그 백부장이 지었다고 전해지는 곳이다.

팔레스타인에 산재해 있는 모든 회당들은 예루살렘을 향하여 바라보도록 건축되어 있다. '천호서당'의 재생들과 함께 탐측한 바에 의하면, 가버나움 회당은 '자좌오향(子坐午向)'에 자리하고 있었다. 그야말로 놀라운 탐측 결과였다.

2) 풍수지리술의 좌향 원리

동양의 고대 천문학에서는 하늘의 궁전인 자미원(紫薇垣)의 북극성은 하늘의 '태제(太帝, 상제)'가 자리 잡고 있는 자리라고 말한다. 거기서 뻗어 내린 하늘의 은하수가 중국의 고대 궁궐로 연결되어, 중국의 황제는 '하늘 상제의 아들'인 '천자(天子)'라고 칭했다. 따라서 동양세계에서 대궐은 반드시 '자좌오향'으로 세워야 했다. 우리나라 경복궁의 좌향도 '자좌오향'이고, 중국 북경의 자금성도 역시 '자좌오향'에 배치되어 있다.64) 북경의 자금성 남쪽문의 현판도 '자좌오향'의 '오(午)'자를 딴 이름이다. '자오선(子午線)'에서 '오(午)'는 남방을 가리킨다. 그래서 천자의 통치를 '남면(南面)'이라고 말한다. 중국 산동반도 곡부에 있는 공자의 무덤도 역시 '자좌오향(子坐午向)'입니다.

그런데 이스라엘의 '갈릴리 가버나움 회당'과 예루살렘의 '베드로 수권 교회'도 자좌오향의 자리에 세워져 있었다. '자좌오향'의 뜻은 '힘 있게 승승장구한다'는 뜻이 있다. 수(首)제자로서의 베드로의 위치와 예루살렘 교회의 수장(首長), 그리고 놀라운 전도능력을 뜻하는 것이라는 해석을 붙일 수 있다. 한편 풍수에서 '묘좌유향(卯坐酉向)'은 '자좌오향'과 같은 의미로 사용되고 있다.

---

64) 오세종, 《한국문화와 기독교 - 풍수지리적 고찰》(감신대 강의교재, 2003) 19쪽.

2. 교황 레오 1세의 '율령 472'

"교회의 주요 건물은 사각형 구조로 정면(head)을 동쪽으로 향하게 지어야 한다."

예루살렘 동편의 주요 건물들은 출입문 쪽에서 관측한 좌향이 모두 '묘좌유향(卯坐酉向)'이다.

그 내부의 '제단'과 강단의 중심은 건물의 동쪽에 배치되어서 서향(西向)인 예루살렘성을 향하고 있다.

이처럼 교회 건축물을 '해뜨는 곳'을 향하여 적확(的確)하게 건축되어 있는 것은 교황 '레오 1세(재위 440-461)'의 '교황 율령 472'에 따른 조치였다.

레오 1세는 '교황 율령 472'에서 "교회는 사각형 구조로 정면(head)을 동쪽으로 향하게 지어야 한다"고 공포했다.

이는 풍수에서 말하는 '유좌묘향(酉坐卯向)', 또는 '묘좌유향(卯坐酉向)'과 같은 좌향이다. 이 율령은 종교개혁이 일어날 때 까지 지속되었다.[65]

'레오 1세'의 이러한 율령은 아래와 같은 목적에서 선포된 것이다.

첫째, 동편에 있는 감람산에서 볼 때 그와 마주하는 예루살렘성의 동문(東門)을 향하는 좌향을 설정했기 때문이다. 예루살렘성의 동문은 '황금문'이라고 한다.[66]

---

[65] 오세종, 《한국문화와 기독교 - 풍수지리적 고찰》 145쪽.
[66] 송기엽, 《성지순방》(서울: 성암출판사, 1981), 19쪽.

이 문은 열리지 않고 아직까지도 닫혀 있다. 그 까닭은 유대인들은 메시야가 이 문으로 입성할 것이라고 하며, 또 그리스도인들은 예수가 재림할 때 입성할 문이라고 믿고 있기 때문이다. 건너편 감람산에 있는 성당과 교회들은 모두 서향으로 예루살렘 성의 동문을 향하고 있다.

〈에스겔서〉에 다음과 같은 구절이 나온다.

"그가 나를 데리고 성소의 동쪽으로 향한 바깥문에 돌아오시니 그 문이 닫혔더라(1절). 여호와께서 내게 이르시되, 이 문은 닫고 다시 열지 못할지니 아무도 그리로 들어오지 못할 것은 이스라엘 하나님 나 여호와가 그리로 들어왔음이라. 그러므로 닫아 둘지니라(2절)."(겔 44:1-2)

둘째, 〈에스겔서〉 47:1절 말씀에 근거하고 있다.

"그가 나를 데리고 성전 문에 이르시니, 성전의 앞면이 동쪽으로 향하였는데, 그 문지방 밑에서 물이 나와 동쪽으로 흐르다가 성전 오른 쪽 제단 남쪽으로 흘러내리더라."(겔 47:1)

이 구절을 다시 정리하면 다음과 같다.

① "성전의 앞면이 동쪽으로 향하였는데"라는 구절은 '성전이 동향(酉坐卯向)하고' 있다는 의미이며,
② "물이 동쪽으로 흐르는데", 역시 동향(卯向)을 하여 흐르고,
③ "성전 오른쪽 제단"(우백호),
④ "남쪽으로 흘렀다"는 것은 오향(午向)으로 흘렀다는 의미이다.

교회의 율령 472호가 공포되기 이전에도 간혹 교회 건축에 '오리엔테이션 원리'를 이용하기도 했다.

'치체스터 성당(Chichester Cathedral)'을 비롯하여, 주후 340년에 건축한 '서식스'의 '보샵(Bosham)교회'도 오리엔테이션에 기초해서 세웠다.67) 이러한 오리엔테이션 원리에 '레오 1세 교황 율령 472'가 공포되면서 '해 뜨는 곳'에 맞춘 건축 원리가 정착되었다.

'성(聖) 조지 성당'은 4월 23일의 일출을 기점으로 하였고, '성(聖) 스티븐 성당'은 12월 26일의 일출을 기준으로 설정했다.68) 영국 남부의 '글래스톤베리 대수도원'과 '성 마리아교회', 그리고 '솔즈베리 성당'은 풍수적 좌향과 일치하는 방향으로 건축하였다.69)

이렇게 '오리엔테이션' 건축법을 적용하는 작업은 영국 왕족들의 무덤들이나 국가지도자의 매장에도 적용되었다.70) 1735년 '토마스 헌(Thomas Hearne)'은 자신의 무덤에 나침반을 사용하여 '오리엔테이션'을 결정하라고 권고했다.71) 이처럼 중세 그리스도교의 성전이나 교회는 건축할 때에 나침반을 사용하여 '해 뜨는 곳'에 좌향을 맞춰서 건축했다.

영국에서의 이러한 '오리엔테이션'에 좌향을 정하는 습속은 18세기 존 웨슬리의 감리교 신앙부흥운동이 불일 듯 전개되면서 점차 희소화 되었다.72)

풍수지리술의 패철 좌향론에서 '묘좌유향'이나 '유좌묘향'을 같은 뜻을 지닌 좌향이다. 그 의미에 대해 약간의 강약의 차이는 있으나 거의 같은 뜻으로 쓰인다. 이 좌향의 뜻은 '힘 있게 승승장구 뻗어나간다'는 의미를 가지고 있다.

---

67) 송기업, 《성지순방》 148쪽.
68) 송기업, 《성지순방》 145쪽.
69) 송기업, 《성지순방》 134쪽.
70) 송기업, 《성지순방》 147쪽.
71) 송기업, 《성지순방》 149쪽.
72) 송기업, 《성지순방》 154쪽.

"너희가 동방에서 여호와를 영화롭게 하며, 내가 너와 함께 하여 네 자손을 동쪽에서부터 오게 하며 서쪽에서부터 너를 모을 것이며."(이사야 24:15, 43:5)

龍虎者、如人之股肱、家之牆垣、牆垣雖完、棟樑不實、則如人之五臟受病、何以用手足乎、無龍虎者、以水代之、亦無妨○兩儀篇、曰龍虎者、猶人之股肱、富家之牆垣也、然、股肱之勇、不如五臟之氣、牆垣之固、不如棟樑之全也、五臟之病者、肢欲用而不用、棟樑之污者、不如五臟之氣、墻垣固而不固、尸之寧不寧、瑑之與不與、不在龍虎翼之顧應、在於腦首局之精神也、真局之龍虎、若斂而輔局、假脈之星辰、如朝而反冲也

○窟角論　五行山四局五行法

窟者、凹角者枝也、有窟則無角、有角則無窟、金不忘水、水不忘金、木不忘火、火不忘木、丑艮金龍、巽辰水角、坤未木龍、乾戌火角、生角雖小、知真假之標也、餘皆倣此

○案山論

案山者、應穴之砂、端立留氣、如朝如拜、拱揖者為吉、或欹或斜、或高陰、或齊壓、太長太短者、皆不吉、東山月出、西崖白、水邊花發、水中紅也、穴高則宜遠、穴低則宜近

水自成

內氣者、言穴暖而萬物萌生也、外氣者、言山川融結而成形象也

察以眼界、會以性情、若能悟此、天下橫行

察以眼界者、形之於外、人皆可觀之、主於會以性情、非上智之士、莫能也○青烏先生葬經、止於此、而尋龍法以下、諸論、皆出於後人之手、然所以羽翼斯經、為風水家之捷巡要路、故世人、通稱為青烏經者也

○尋龍法

龍者、伏起落、龍、太祖發初之時、胎暈全局者、為上、發秀者、為次、分枝行脉之時起者起、細者細、突者突、瘠者瘠、肥者肥、回者回也、若起者反鈍、細者不細、突者不突、瘠者肥、々者瘠、回者不回、此失源病龍也○午丁、以坤未為源、丙午、以巽巳為源、壬坎、以乾亥為源、坎癸、以丑艮為源、卯乙、以巽辰為源、甲卯、以艮寅為源、庚兌、以坤申為源、辛兌、以乾戌為源○假令、乾亥脉如之玄而行、則其中之玄之脉、都是乾亥脉、曲々處、莫放子午針、先脉乾亥、後脉乾也、之玄之中、或立石、或揚枝、則更以他脉看之、餘皆倣此例

○龍虎論

入首後一節、謂之龍、龍後一節、謂之落、落後一節、謂之起、起後一節、謂咽喉處也

兩圓峰相連、是為魚袋、西方出則為金魚袋、主官貴、南方出、為火魚、主醫家、東方出、為木魚、主僧道、北方出、為水魚、主漁人

地有佳氣、隨土所起、山有吉氣、因方所主、文筆之地、筆尖以細、諸福不隨、虛馳材藝

文筆山、主聰駿、若無吉山夾從、不成名

大富之地、圓峰金櫃、貝寶沓來、如川之至、貧賤之地、亂如散蟻、達人大觀、如視諸指、幽陰之宮、神靈所主、葬不斬草、名曰盜葬

斬草者、言當酹酒、告於地祇

莫近古墳、殃及兒孫、一墳榮盛、一墳孤貧、穴吉葬凶、與棄屍同

穴雖吉、而葬不得其年月、亦凶

陰陽符合、天地交通、內氣萌生、外氣成形、內外相乘、風

氣全則龍脉不脫、勢回則山水有情、前遮則有客、後擁則有主、安止則穴法無欹險、迢遞則水來、有源流

向定陰陽、切莫乖戾、差以毫釐、繆以千里

陰陽者、當以左右取之、穴左為陽、穴右為陰、左穴以陽向、右穴以陰向不可差也

擇術盡善、封都立縣、一或非宜、法主貧賤、公侯之地、龍馬騰起、面對玉圭、小而首銳、叟遇本方、外臺之地、捍門高峙、屯踏排迎、周圍數里筆大橫椽、是名判死、此昂彼低之地、繡緻伊邇、大水洋潮、無上之貴

誠難推擬

本方者、以馬要在南方、為得地、圭笏山、要在東方、為正位、有繡緻山主出宰執五府之貴、捍門旗山、取其聳拔、屯軍踏節、排衙迎從、貴其周遮、右畔、有山、在低處橫列則為判死筆、須是穴法、真正、昂然獨尊、不然則暗刀屍山、故曰誠難推擬

官貴之地、文筆插耳、魚袋雙聯、庚金之位、南火東木、北水郡伕

天光下臨、百川同歸、眞龍所迫、孰云玄微

此近江、迎接潮水之地也

雞鳴犬吠、鬧市烟村、隆隆隱隱、孰揆其原

此、鄉井、平洋氣脈之地也

若乃斷而復續、去而復留、奇形異相、千金難求、折藕貫珠、眞氣落莫、臨穴坦然、誠難捫摸、障空補缺、天造地設、留與至人、先賢難說

夫貴賤異路、貧富兩塗、地之善邪、然而貴之地、常少、而爲富之地、常多、何邪、感以爲富地、利害輕、人得而識之、故常多、貴地、所係大、造物、不令人識之、故常少、言衆人之、所不喜者、則爲大吉之地、此、奇形異相、所以千金難求也

草木鬱茂、吉氣相隨、內外表裏、或然或爲

左右案對、或自然而成、或人力而爲之

三岡全氣、八方會勢、前遮後擁、諸祥畢至、地貴平夷、土貴有支、穴取安止、水取迢遞

貴氣相資、本原不脫、前後區衛、有主有客

文也

本原不脫、以氣脈之相連接也、有主有客者、以區穴之前後、有衛護也

水行不流、外狹內濶、大地平洋、杳茫莫測、沼沚池湖、真

龍憩息、情當內求、慎莫外覓、形勢彎趨、享用五福

凡平洋大地、無左右龍虎者、但遇池湖、便可遷穴、以池湖為明堂、則水行不流、生人享福也

勢止形昂、前澗後岡、位至侯王、形止勢縮、前案回曲、金

穀璧玉

勢止、龍之住也、形昂、氣之盛也、前則遇水而止、後則支壟而連、如此之地、可致貴也、形止勢縮、氣象之局促也、前案回曲、賓主之淺近也、如此之地、可致富也

山隨水著、迢迢來路、挹而注之、穴須回顧

此山谷、回龍顧祖之地也

不蓄之穴、是謂腐骨、不及之穴、生人絕滅、騰漏之穴、翻棺敗槨、背囚之穴、寒水滴瀝、其為可畏、可不慎哉

不蓄者、言山之無包藏也、不及者、言山之無朝對也、騰漏者、言其空缺、背囚者、言其幽陰、此等之穴、不可葬也

百年幻化、離形歸真、精神入門、骨骸返根、吉氣感應、累福及人

累者、多也、言受多福、郭璞、以為鬼福、鬼字誤也

夷山吐熖、西山起雲、穴吉而溫、富貴延綿、其或反是、子孫孤貧

西山雲氣之融結者、以束山烟燄之奔衝然也、生人富貴之長久者、以亡寃穴吉、陰注然也、苟不得其地、則子孫陵替、孤獨貧賤而後已

童斷與石、過獨逼側、能生新凶、能消已福

不生草木、為童、崩陷坑塹、為斷、童山則無衣、斷山則無氣、石山則土不滋、過山則勢不住、獨則無雌雄、逼則無明堂、側則斜欹而不正、郭璞引經、戒此五者、亦節

其若可忽、何假於予、辭之疣矣、理無越斯

萬一、陰陽之學、可忽則又何取於予之言也、然、予之辭、若贅疣、理則無越於此

山川融結、峙流不絕、雙眸若無、烏乎其別、福厚之地、雍容不迫、四合周顧、卜其主客

雍容不迫、言氣象之寬大、四合周顧、言左右前後、無空缺

山欲其迎、水欲其澄

山本靜而欲其動、水本動而欲其靜也

山來水回、逼貴豐財、山囚水流、虜王滅侯

逼貴者、言貴來之速也、郭璞、引證言壽貴而財、字雖少異、而意則稍同

山頓水曲、子孫千億、山走水直、從人寄食、水過西東、財寶無窮、三橫四直、官職彌崇、九曲委蛇、準擬沙堤、重重交鎖、極品官資、氣乘風散、脉過水止、藏隱蜿蜒、富貴之地

璞云、界水則止、意則一也

青烏經

青烏先生葬經

大唐國師楊筠松註【前內閣版本】

先生、漢時人也、精地理陰陽之術、而史失其名、晉郭璞藝書、引經曰為讚者、即此書也、先生之書、簡而嚴、約而當、誠後世陰陽家書之祖也

盤古渾淪，氣萌大朴，分陰分陽，為清為濁，生老病死、誰

謂之始之終、無陰陽之說、則亦無禍福之可議、及其有也、吉凶惡憊、如影隨形、亦不可得而逃也

竇士之、無其始也、無有議焉、不能無也 吉凶形焉

曷如其無、何惡且有

言後世、泥陰陽之學、曷如上古、無之為愈、既不能無焉、則亦何惡之有

藏於杳冥、實關休咎、以言諭人、似若非是 其於本也、一無外此

以地理禍福諭人、似若譎詐欺罔、及其終之效驗、無毫髮之少爽焉

원문 청오경